Pe. Thiago Faccini Paro
Francine Porfirio Ortiz

O Caminho

Subsídio para encontros de catequese
Crisma

2ª Etapa
Catequista

"O que ouvimos, o que aprendemos, o que nossos pais nos contaram, não ocultaremos de nossos filhos; mas vamos contar à geração seguinte as glórias do Senhor, o seu poder e as obras grandiosas que Ele realizou." (Sl 78,3-4)

EDITORA VOZES
Petrópolis

© 2018, Editora Vozes Ltda.
Rua Frei Luís, 100
25689-900 Petrópolis, RJ
www.vozes.com.br
Brasil

1ª edição, 2018.

4ª reimpressão, 2025.

Todos os direitos reservados. Nenhuma parte desta obra poderá ser reproduzida ou transmitida por qualquer forma e/ou quaisquer meios (eletrônico ou mecânico, incluindo fotocópia e gravação) ou arquivada em qualquer sistema ou banco de dados sem permissão escrita da editora.

CONSELHO EDITORIAL

Diretor
Volney J. Berkenbrock

Editores
Aline dos Santos Carneiro
Edrian Josué Pasini
Marilac Loraine Oleniki
Welder Lancieri Marchini

Conselheiros
Elói Dionísio Piva
Francisco Morás
Teobaldo Heidemann
Thiago Alexandre Hayakawa

Secretário executivo
Leonardo A.R.T. dos Santos

PRODUÇÃO EDITORIAL

Anna Catharina Miranda
Eric Parrot
Jailson Scota
Marcelo Telles
Mirela de Oliveira
Natália França
Priscilla A.F. Alves
Rafael de Oliveira
Samuel Resende
Verônica M. Guedes

Projeto gráfico e diagramação: Ana Maria Oleniki
Revisão: Licimar Porfirio
Capa: Ana Maria Oleniki

ISBN 978-85-326-5716-9

Este livro foi composto e impresso pela Editora Vozes Ltda.

Apresentação, 5

Introdução, 7

Celebração de apresentação e envio dos catequistas, 17

I PARTE

MEUS ENCONTROS DE CATEQUESE, 19

1º ENCONTRO – Somos diferentes, somos humanidade, 21

2º ENCONTRO – Quem sou eu?, 25

3º ENCONTRO – Amor na vida cristã, 30

4º ENCONTRO – Afetividade e empatia: vínculos que nos unem ao mundo, 35

5º ENCONTRO – Onde reside a felicidade, 40

6º ENCONTRO – Direito à vida, 45

7º ENCONTRO – Para que Deus me criou, 49

8º ENCONTRO – Seja você mesmo, 52

9º ENCONTRO – As frustrações ensinam, 55

10º ENCONTRO – Drogas no pote da vida, 60

11º ENCONTRO – Liberdade orientada para o bem, 65

12º ENCONTRO – Em família, 71

13º ENCONTRO – Agradar a Deus, 75

14º ENCONTRO – Jesus veio a quem precisa, 79

15º ENCONTRO – Cultura da Paz, 85

16º ENCONTRO – O perdão na vida do cristão, 89

17º ENCONTRO – Ser vocacionado, 93

18º ENCONTRO – Ser cristão em tempo integral, 96

19º ENCONTRO – As vocações específicas, 100

20º ENCONTRO – Hora Santa Vocacional, 105

21º ENCONTRO – Chamados à santidade, 106

22º ENCONTRO – Jesus ensina sobre amizade, 110

23º ENCONTRO – Igreja: pequenas comunidades de discípulos, 114

24º ENCONTRO – A Igreja e sua organização, 117

25º ENCONTRO – A videira e os ramos, 122

26º ENCONTRO – Vinde trabalhar na minha vinha, 125

27º ENCONTRO – Quem sou eu na Igreja, 129

28º ENCONTRO – Se preparando para a festa da unidade paroquial, 132

29º ENCONTRO – A festa da unidade paroquial, 135

30º ENCONTRO – Para onde vou?, 136

31º ENCONTRO – Conhecendo minha comunidade, pastoral, movimento ou associação, 138

32º ENCONTRO – Inseridos na ação pastoral da Igreja, 140

33º ENCONTRO – Celebração de Envio e Acolhida dos catequizandos, 146

II PARTE

ROTEIRO PARA ENCONTROS COM AS FAMÍLIAS E FUTUROS PADRINHOS, 149

ENCONTRO com as FAMÍLIAS, 151

ENCONTRO com os futuros PADRINHOS, 155

Apresentação

Como barretense que sou, tenho a alegria de fazer a apresentação desse texto de catequese, cuja origem vem da prática, vivência e reflexões dos agentes de catequese da minha diocese de origem, Barretos (SP). Fruto de vários anos de verificação, comprovação e ação pedagógica junto aos adolescentes dessa diocese paulista, continua à disposição de quantos querem percorrem o mesmo caminho na arte da educação da fé.

Vivemos em tempos de Iniciação Cristã, realidade tão antiga quanto a Igreja, mas esquecida durante séculos da cristandade. De fato, naqueles gloriosos tempos da cristandade, a família, a comunidade religiosa paroquial, enfim, a própria sociedade chamada cristã ou a civilização cristã, já favorecia o clima onde a fé era vivida concretamente em todos os setores da existência.

Hoje a Igreja, desde o Concílio Vaticano II, mas sobretudo em nossos dias, propõe o retorno ou restauração desses processos iniciáticos, para uma maior consolidação da fé, daqueles que escolhem o Evangelho de Jesus Cristo como roteiro de vida, e o próprio Jesus como o mestre e o caminho para Deus. O recente documento 107 da CNBB, sobre a Iniciação à Vida Cristã, está aí nos conclamando, dando ideias e propondo caminhos para bem desenvolvermos um eficaz discipulado de Jesus, transformados em autênticos missionários.

Com relação à catequese tradicional, em geral fixada na preparação aos sacramentos da Eucaristia e Crisma, esses processos iniciáticos são uma verdadeira revolução, uma radical mudança de paradigmas. Além de concentrarem-se na Palavra de Deus transmitida nas Sagradas Escrituras, lança mão também da mistagogia, ou seja, condução aos mistérios da fé através da dimensão orante, celebrativa, simbólica, litúrgica. Daí dizer-se que, em termos de textos ou livros, são três os grandes condutores de qualquer catequese: a Bíblia sagrada, o RICA (Rito de iniciação cristã de adultos) representando toda dimensão litúrgico-mistagógica, e o Catecismo da Igreja Cristã (dimensão doutrinal). Tudo isso, sem esquecer, mas integrando a vida e experiência de crescimento pelos quais, no caso da catequese crismal, estão passando nossos os adolescentes.

No início do cristianismo o catecumenato (nome dado aos processos de iniciação à vida cristã) era uma instituição pensada e dirigida a pessoas adultas que optavam por Jesus Cristo. Com o passar dos anos, e generalizando-se o batismo de crianças, os três sacramentos da Iniciação Cristã ficaram separados. Até nós chegou essa tradição, comprovada pela Igreja, de batizar quando criancinhas, preparar para primeira eucaristia na meninice ou segunda infância e a crisma na adolescência/juventude.

Dada a complexa realidade da evolução da personalidade humana, fica claro que o momento da verdadeira e mais profunda iniciação à fé cristã é quando os adolescentes estão já mais maduros e aptos a assumirem as consequências do próprio seguimento de Jesus. Portanto, a adolescência ou catequese crismal, assumindo as características de uma maturidade cristã, é a fase que requer um maior cuidado, habilidade, prudência e arte na educação da fé.

É o que faz o presente texto, numa programação de três anos rumo ao Sacramento da Crisma ou Confirmação, tempo certamente longo, mas também capaz de consolidar a fé nos jovens corações de nossos catequizandos, com um maior aprofundamento. A primeira etapa (catequese eucarística) tinha se concentrado na História da Salvação, tendo Jesus Cristo como centro da Revelação do Pai. Agora, numa segunda etapa, o foco é a pessoa do catequizando, centrando-se na descoberta de si mesmo, nos grandes problemas da vida e na abertura cada vez maior à presença de Deus que nos quer seus filhos plenamente realizados e felizes. Se o acento e a perspectiva são mais antropológicos (problemas humanos) não se pode deixar, de modo nenhum, a perspectiva cristológica ou do cristocentrismo: é Cristo Jesus, Mestre e Senhor, que ilumina e dá sentido à toda nossa experiência humana.

Uma terceira etapa mostrará e habilitará nossos adolescentes a viverem essa fé no ambiente comunitário, exercendo a missão e vocação que cada um descobrirá na sua comunidade de fé. Então superaremos o grave erro de muitos processos catequéticos, pois se transformam, infelizmente, no último contato que o jovem tem com a Igreja, abandonando, após o término da Crisma, a prática cristã. Não! Agora que foram confirmados na fé e chegaram a uma inicial maturidade cristã, estão plenamente preparados para viver, a vida toda, o seguimento de Jesus em sua comunidade de fé! Serão discípulos a vida inteira!

Seja esse, um novo e robusto subsídio para tantos catequistas; auxiliados por outros agentes de pastoral, sobretudo liturgistas, biblistas, pastoral da família, etc., procurarão transmitir e fortificar a fé de nossos jovens e adolescentes, esperança e futuro de nossa Igreja.

São Paulo, 08 de Abril de 2018 – II Domingo da Páscoa: Domingo da Misericórdia.

Pe. Dr. Luiz Alves de Lima, sdb

Introdução

O subsídio para a Pastoral Catequética da Diocese de Barretos e a metodologia proposta nesse material basearam-se na Palavra de Deus, na longínqua tradição da Igreja que nos foi transmitida, na análise de outros recursos que nos serviram de inspiração e na experiência de nossos catequistas.

Ao preparar os subsídios para o catequista e o Diário Catequético e Espiritual do catequizando, nossa equipe considerou que a Igreja sempre teve um calendário próprio, diferente do civil, chamado Calendário Litúrgico. Portanto a catequese que propomos está estreitamente ligada ao Calendário Litúrgico, iniciando no primeiro domingo da Quaresma com um grande retiro espiritual destinado aos catequizandos e seus pais ou responsáveis. Deste modo, aproximam-se a catequese e a liturgia.

A Catequese Crismal que pensamos está estruturada em três etapas. Cada etapa terá a duração mínima de um ano, e seu tempo de realização poderá ser alterado de acordo com a maturidade de cada catequizando.

1ª Etapa - História da Salvação: Trabalhar com os catequizandos a concepção cristã de tempo como momento oportuno da salvação de Deus para o homem (tempo Kairótico). Refletir sobre os principais momentos da História da Salvação, iniciando pela escolha de Abraão até Jesus Cristo e a fundação da Igreja, destacando o conceito de Igreja, discipulado e missão.

2ª Etapa - Conhecer-se para servir melhor: Levar os catequizandos a refletirem sobre si mesmos, quem são e qual o seu papel e lugar no mundo. Para isso, parte-se de temas centrais da adolescência como a afetividade e sexualidade, a busca da felicidade, a prevenção ao uso de drogas, a liberdade, entre outros considerados significativos para a formação humana e cristã nessa faixa etária. Nesta caminhada busca-se possibilitar ao adolescente compreender o valor de uma cultura de paz e promover a descoberta da própria vocação e do seu lugar na Igreja, sendo um "cristão em tempo integral".

3ª Etapa - Ser Igreja: amar e servir: A terceira etapa acontecerá nas pastorais, nos grupos de serviço e na evangelização da paróquia. Para isso, após conhecer a vida e dinâmica da Igreja paroquial, os catequizandos serão convidados a se engajarem em alguma pastoral, associação ou movimento no qual, durante toda a terceira etapa, estarão envolvidos nos vários serviços e ministérios, participando de suas reflexões e atividades. Nesta etapa, com acompanhamento de um catequista, os encontros acontecerão uma vez por mês envolvendo momentos de partilha e orientação. No final desta etapa, cujo tempo será determinado de acordo com a realidade de cada comunidade, serão crismados aqueles que se sentirem preparados para participar da vida eclesial.

Para esta etapa e o bom êxito do itinerário proposto é importante criar um espírito de pastoral de conjunto, informando e formando as lideranças das comunidades, pastorais, movimentos e associações que acolherão os catequizandos que lhes serão encaminhados. Para a terceira etapa não teremos um livro específico, apenas um subsídio complementar com as orientações necessárias que acompanhará o volume da segunda etapa.

Em relação à faixa etária dos catequizandos o material foi pensado e preparado de acordo com a pedagogia das idades, idealizado para ser usado entre as idades de 12 a 14 anos.

Para a primeira e segunda etapas preparamos um volume chamado *Diário Catequético e Espiritual do Catequizando*. Como o próprio nome revela, trata-se de um recurso no qual o catequizando fará o registro de algumas atividades de sua vivência de fé relacionada a cada encontro. Para isso, o catequista poderá orientá-los sobre as atividades solicitadas no Diário referentes ao que foi refletido, usá-las no decorrer dos encontros em momentos como recordação da vida e partilha, e ainda torná-las um recurso para desenvolver a reflexão do encontro.

Formar uma Pastoral de Conjunto
a corresponsabilidade na iniciação cristã

Muito se fala da importância da catequese e da iniciação dos catecúmenos na fé, e parece haver um consenso da responsabilidade única e exclusiva da Pastoral catequética, mas não é! Toda a Igreja é chamada a ser discípula missionária, anunciadora da Boa Nova de Jesus Cristo. Diante disso, é de suma importância que toda a Igreja tenha consciência e assuma a corresponsabilidade de ajudar, acompanhar e inserir os catecúmenos e catequizandos na vida eclesial. A proposta metodológica apresentada pelos subsídios da coleção O Caminho dá passos neste sentido, envolvendo e animando as comunidades, pastorais, movimentos e associações no processo catequético, sobretudo na terceira etapa da Crisma.

Podemos citar alguns exemplos dentro do itinerário proposto que busca aproximar os grupos e colocá-los em diálogo promovendo uma verdadeira "pastoral de conjunto". Primeiramente, a reaproximação entre catequese e liturgia; a inserção de celebrações entre os encontros de catequese que deverão acontecer no dia e horário em que a comunidade local costuma se reunir para suas celebrações e práticas de devoção, fazendo assim com que a comunidade conheça os catequizandos e seus familiares e os mesmos conheçam a comunidade e o trabalho por ela realizado; o incentivo para os catequizandos serem dizimistas proposto na terceira etapa da eucaristia, e que sugere que o dízimo seja entregue na mesa da pastoral do dízimo fazendo com que os catequizandos já criem laços e se tornem futuros dizimistas.

Ainda, a Pastoral Familiar pode assumir a responsabilidade de realizar reuniões com os pais dos catequizandos e o Setor Juventude, ao longo do ano, poderá promover vários encontros com os catequizandos, mostrando o lado jovem e responsável da Igreja. No final da segunda etapa de preparação para a Crisma, de acordo com nossa proposta, os catequizandos irão conhecer as diversas realidades de serviços e ministérios da Igreja e serão encaminhados para um "estágio", durante toda a terceira etapa da preparação para a Crisma, sendo uma maneira de engajá-los na vida eclesial. Assim, poderemos crismar engajados e não crismar para engajar. Neste sentido, todos os grupos (comunidades, pastorais, movimentos) serão responsáveis na educação e amadurecimento da fé de nossos jovens. Apesar da grande dificuldade em promover esse diálogo, há urgência de começarmos a dar passos para de fato sermos uma Igreja unida em sua grande diversidade.

No término da segunda etapa e durante toda a terceira etapa, todos os grupos poderão ser convidados a acolher os adolescentes e jovens nos seus respectivos serviços e ministérios para um estágio pastoral, ajudando-os a conhecer a grande diversidade de dons presentes na Igreja e inserindo-os na vivência eclesial.

Trabalho com a Família

Nossa proposta quer possibilitar uma maior interação entre a comunidade e a família dos catequizandos. Ainda, prima por resgatar a importância e corresponsabilidade dos padrinhos de Batismo no processo de crescimento dos seus afilhados na fé cristã. Com essa intenção, propõe-se reuniões com temas específicos para formar, conscientizar e inserir as famílias no processo catequético e na vida eclesial. Os temas selecionados, em sua maioria, são os mesmos refletidos na catequese durante os encontros, visando possibilitar aos familiares melhor acompanhar e levar os catequizandos a assumirem o seu papel como primeiros responsáveis pela educação da fé.

Buscando constituir uma Pastoral de Conjunto, os encontros com as famílias poderão ficar sob a responsabilidade da Pastoral Familiar e se realizar através dos grupos da paróquia que trabalham com as famílias, tais como: Encontro de Casais com Cristo (ECC), Equipes de Nossa Senhora e a própria Pastoral Familiar. Na segunda parte deste volume apresentamos um breve roteiro com sugestões de temas a serem abordados bimestralmente nos encontros. Estes podem ser preparados de maneira acolhedora e celebrativa.

Os futuros PADRINHOS de crisma

Considerando a importância do papel dos padrinhos de Crisma, sugere-se orientar os catequizandos a realizar a escolha de seu futuro padrinho no final da primeira etapa da Catequese Crismal. Para envolver os padrinhos e madrinhas no bom desempenho de sua missão junto aos afilhados, no processo catequético, propomos a realização de uma formação a eles, por meio de reuniões bimestrais. Esta proposta é composta de um roteiro que se encontra na segunda parte deste volume.

De modo especial, indica-se refletir com os catequizandos sobre a possibilidade de virem a escolher o mesmo padrinho do Batismo, a quem já foram confiados o acompanhamento e transmissão da fé.

Os Encontros e sua Organização

A nossa proposta para os encontros é que as reflexões estejam estruturadas ao redor de duas mesas, a saber: a *Mesa da Palavra* e a *Mesa da Partilha*. Isso para buscar uma estreita ligação entre catequese e liturgia em encontros dinâmicos e celebrativos.

A Mesa da Palavra

Consiste em organizar um ambão ou uma pequena mesa para colocar a Bíblia, ter uma vela acesa e usar toalha com a cor do Tempo Litúrgico que se está celebrando. Sugere-se que a Mesa da Palavra esteja em um lugar de destaque e específico da sala de encontros, capaz de possibilitar aos catequizandos aproximarem-se ao seu redor.

Com a inserção da Mesa da Palavra quer se destacar e valorizar a leitura da Bíblia, mostrando que não é apenas um livro a mais para ser estudado, como também orientar e fazer a experiência de acolhida da Palavra de um Deus que nos fala. O fato de mobilizar os catequizandos a irem até essa mesa onde será proclamada a Palavra, colocar-se de pé ao seu redor, trocar a toalha de acordo com o Tempo Litúrgico, solenizando a leitura bíblica e incentivando a sua escuta, possibilita revelar, através de gestos e posturas, o valor e a importância que lhe damos em nossa comunidade Igreja, além de remeter os catequizandos ao ambiente celebrativo da Eucaristia.

A Mesa da Partilha

Trata-se de uma grande mesa com várias cadeiras ao seu redor. É o local onde os catequizandos buscarão compreender, com a ajuda do catequista, o sentido e significado da Palavra em seu contexto e para suas vidas. Ao redor da mesa, integrados, chegarão ao seu entendimento ao reconstruir o texto bíblico, dialogar, ouvir histórias, contemplar os símbolos presentes em cada encontro e nos textos bíblicos e, também, realizar diversas atividades. Nessa mesa, recordando o costume antigo das famílias de tomar a refeição, catequista e catequizandos saborearão o alimento da Palavra que dá vida e sacia toda sede.

Os espaços destinados à catequese que propomos buscam, portanto, descaracterizar os lugares de encontro das salas de ensino escolar, mostrando que nossos catequistas não são professores, mas mistagogos que guiam os catequizandos para o Mistério, fazendo com que tenham uma experiência viva e pessoal de Jesus Cristo.

A cada encontro são oferecidas sugestões que deverão ser enriquecidas e adaptadas à realidade de cada comunidade. Num clima alegre e acolhedor a Palavra se atualiza e se transforma em oração e gestos concretos.

Explicando nossa Proposta

1. ESTRUTURA DOS ENCONTROS – SUBSÍDIO DO CATEQUISTA

Na sequência apresentamos as orientações sobre a dinâmica de nossa proposta, para o catequista desenvolver os encontros, a fim de ajudá-lo na ação catequética. Para tanto, o Subsídio do Catequista propõe as orientações para cada encontro da seguinte forma:

Palavra inicial – Neste tópico o catequista encontrará os objetivos a serem atingidos com o encontro ou a mensagem que deverá ser transmitida para os catequizandos.

Preparando o ambiente – Oferece sugestões de símbolos e maneiras de preparar e organizar os espaços, informando também os materiais a serem providenciados para os encontros. É importante envolver os catequizandos na preparação do ambiente distribuindo funções com antecedência, como por exemplo pedindo a um para trazer as flores, a outro para acender a vela, a um grupo para preparar e ensaiar os cantos... O ambiente poderá também ter uma imagem de Jesus, Nossa Senhora ou do padroeiro da comunidade. Esta imagem poderá ser levada semanalmente para a casa de um catequizando, que ficará responsável por trazê-la no próximo encontro. No dia em que a imagem estiver na casa, incentive-os a rezar em família.

Acolhida – Em todos os encontros é sugerida uma frase para acolhida dos catequizandos, com a intenção de prepará-los para a temática que será refletida.

Recordação da vida – Tem a intenção de recordar brevemente fatos e acontecimentos marcantes da comunidade e da sociedade, além de recordar o tema e gesto concreto do encontro anterior. O catequista pode incentivar a leitura do que os catequizandos escreveram no Diário Catequético e Espiritual no decorrer da semana. Este momento poderá acontecer ao redor da Mesa da Palavra como parte da oração inicial, na Mesa da Partilha, antes da oração, ou a critério do catequista.

NA MESA DA PALAVRA

O momento em torno da Mesa da Palavra envolve:

Oração inicial – *Traz sugestões de orações e propõe que o catequista, juntamente com os catequizandos, selecione cantos para a oração inicial. Este momento deverá ser dinamizado e ritualizado pelo catequista criativamente para envolver os catequizandos com a reflexão do tema, tornando o processo importante e especial, de tal modo que desperte nos catequizandos o desejo de participar ativamente dele.*

Leitura do texto bíblico – Buscando resgatar a importância e dignidade da Palavra de Deus na vida do cristão, toda a temática dos encontros apresenta como tema gerador o texto bíblico proclamado. O texto bíblico norteia todo o encontro, fazendo com que os catequizandos sejam introduzidos na linguagem bíblica e atualizem sua mensagem a cada dia. Para este momento propõe-se fazer uma escala, distribuindo passagem bíblica entre os catequizandos para que todos possam proclamar a Palavra no decorrer dos encontros. Para o momento de proclamar a Palavra sugere-se:

> - Ler o texto bíblico ao menos duas vezes. A primeira leitura na íntegra pelo catequizando escalonado e a segunda pelo catequista de maneira pausada, com destaque para os versículos da temática do encontro.
> - A leitura do catequizando deverá ser realizada de maneira clara e ritual, fazendo uma saudação respeitosa antes e depois, beijando a Palavra quando for um Evangelho, mostrando a importância e dignidade de tal livro.
> - A leitura do catequista poderá ser realizada de maneira pausada, com destaque para os versículos da temática do encontro.

Seria importante que antes de cada encontro o catequista fizesse uma *lectio divina* (Leitura Orante da Bíblia envolvendo leitura, oração, meditação e contemplação). Durante os encontros de catequese, na medida do possível, utilizar do esquema da Leitura Orante da Bíblia com os catequizandos.

NA MESA DA PARTILHA

É na Mesa da Partilha que o encontro se desenvolverá. Dinâmicas e símbolos auxiliarão o catequista a transmitir a mensagem da Boa Nova de Jesus Cristo. O catequista poderá adaptar, acrescentar ou mudar as sugestões de acordo com a realidade de cada grupo. Por isso, é indispensável que prepare com antecedência cada encontro.

Importante: Todos os catequizandos deverão levar a Bíblia para os encontros de catequese. Na *Mesa da Partilha*, após a reconstrução do texto bíblico, o catequista poderá pedir aos catequizandos para que abram suas Bíblias na passagem proclamada durante a oração inicial e façam uma leitura silenciosa e pessoal, na qual poderão descobrir outros elementos além daqueles percebidos durante a "reconstrução" do texto bíblico, bem como aprimorar o manuseio da Bíblia.

Conclusão – Momento de motivar e comunicar aos catequizandos o compromisso da semana, o gesto concreto como maneira de atualizar a Palavra lida, meditada e contemplada na vivência de cada um. Também pode-se recordar os aniversariantes de Batismo da semana e distribuir as funções para o próximo encontro.

> **Oração final** – *Realizar a oração final, de preferência, sempre ao redor da Mesa da Palavra ou de onde foi feita a oração inicial. É um momento em que o catequista incentiva os catequizandos a fazerem orações e preces espontâneas, podendo-se concluir com a oração indicada para cada encontro ou uma bênção.*

Material de apoio

Em alguns encontros o catequista encontrará, material de apoio, tais como textos, citações e sugestões de bibliografias para aprofundar a temática. É de suma importância, porém, que o catequista participe de encontros, cursos, reuniões e retiros para se atualizar e melhor se preparar a esse tão importante ministério. Afinal, será somente a partir dessas práticas que se poderá haver uma plena caminhada em sintonia com a diocese, paróquia e comunidade.

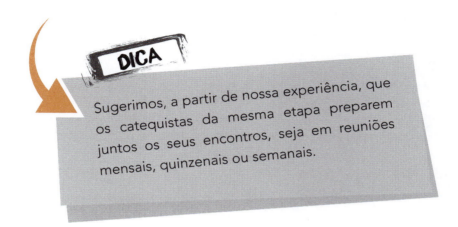

DICA

Sugerimos, a partir de nossa experiência, que os catequistas da mesma etapa preparem juntos os seus encontros, seja em reuniões mensais, quinzenais ou semanais.

2. NA CATEQUESE, A ORGANIZAÇÃO DAS ATIVIDADES

Por considerar que o planejamento é algo indispensável para o bom êxito de qualquer atividade, na sequência propomos um modelo de cronograma para que o catequista possa registrar as principais informações sobre as atividades que ocorrerão no decorrer do ano de catequese. É importante ressaltar que o mesmo poderá ser adaptado à realidade de cada comunidade. Um cronograma semelhante poderá ser preparado, entregando uma cópia aos catequizandos, para colarem no Diário Catequético e Espiritual, e outra às suas famílias para que possam se organizar a fim de participar das atividades da catequese.

Cronograma das atividades da catequese

Período de visita às famílias dos catequizandos: _____ a _____.

Celebração de apresentação e envio dos catequistas: _____ às ___h ____ min. Local: _____

Quarta-feira de Cinzas: _____ às ___h ____ min. Local: _____

Início da 2ª etapa da catequese crismal: _____ às ___h ____ min. Local: _____

Domingo de Ramos: _____ às ___h ____ min. Local: _____

Missa dos Santos Óleos: _____ às ___h ____ min. Local: _____

Missa da Ceia do Senhor: _____ às ___h ____ min. Local: _____

Vigília Eucarística - Hora Santa: _____ às ___h ____ min. Local: _____

Celebração da Paixão: _____ às ___h ____ min. Local: _____

Sábado – Missa da Vigília Pascal: ____/____/____ às ___h ____ min. Local: _____

Domingo de Pentecostes: ____/____/____ às ___h ____ min. Local: _____

Corpus Christi (enfeitar a rua): _____ às _____h. Local: _____

Missa de Corpus Christi: _____ às ___h ____ min. Local: _____

Festa do Padroeiro da Paróquia/Comunidade: _____ às ___h ____ min. Local: _____

Hora Santa Vocacional: _____ às ___h ____ min. Local: _____

Hora Santa Vocacional: _____ às ___h ____ min. Local: _____

A festa da unidade paroquial: _____ às ___h ____ min. Local: _____

Celebração de Envio e Acolhida dos catequizandos: _____ às ___h ____ min. Local: _____

Reunião com os familiares dos catequizandos: _____ às ___h ____ min. Local: _____

Reunião com os familiares dos catequizandos: _____ às ___h ____ min. Local: _____

Reunião com os familiares dos catequizandos: _____ às ___h ____ min. Local: _____

Reunião com os familiares dos catequizandos: _____ às ___h ____ min. Local: _____

Reunião com os familiares dos catequizandos: _____ às ___h ____ min. Local: _____

Reunião com os familiares dos catequizandos: _____ às ___h ____ min. Local: _____

Encontro com os futuros padrinhos dos catequizandos: _____ às ___h ____ min. Local:_____

Encontro com os futuros padrinhos dos catequizandos: _____ às ___h ____ min. Local:_____

Encontro com os futuros padrinhos dos catequizandos: _____ às ___h ____ min. Local:_____

Encontro com os futuros padrinhos dos catequizandos: _____ às ___h ____ min. Local:_____

Encontro com os futuros padrinhos dos catequizandos: _____ às ___h ____ min. Local:_____

Encontro com os futuros padrinhos dos catequizandos: _____ às ___h ____ min. Local:_____

Outras datas:

DIÁRIO CATEQUÉTICO E ESPIRITUAL

O material do catequizando nesta etapa é intitulado *Diário Catequético e Espiritual*, o qual será um registro da vivência de fé e, como incentivo, um recurso para realizar atividades no encontro e fora dele.

O Diário está organizado da seguinte forma:

Meu momento de oração diária

Contém orientações para o catequizando realizar um momento diário de oração pessoal, que deve ser incentivado pelo catequista constantemente durante os encontros.

Os encontros

Para cada encontro é proposto um pequeno texto fazendo menção ao tema a ser refletido e uma citação bíblica acompanhada de uma ilustração. Ainda, são apresentadas algumas atividades para ajudar os catequizandos a fazer memória da experiência vivida no encontro, como também para ajudá-los a meditar sobre a temática do encontro ou da celebração.

Meu domingo

No Diário, ainda, propõe-se um espaço provocativo para ajudar o catequizando a refletir sobre a celebração eucarística de cada domingo, onde o catequizando é convidado a registrar mensagens ou palavras, atitudes ou mudanças suscitados por sua participação na celebração dominical.

Como aproveitar o Diário?

No primeiro encontro, o catequista deverá orientar e combinar com os catequizandos como utilizarão o Diário Catequético e Espiritual. No decorrer dos encontros, então, alertá-los para realizarem os registros de sua catequese durante a semana.

As atividades do *Diário*, em nossa experiência, têm por intencionalidade serem realizadas em casa e, sempre que possível, junto com a família, não sendo necessário levá-lo em todos os encontros. O seu uso no encontro pode ser determinado pelo catequista para realizar:

- o momento de recordação da vida, onde alguns catequizandos poderão partilhar o que escreveram nas atividades solicitadas;
- roda de conversa para partilhar os registros e experiências vividas, ao término de um tempo litúrgico;
- debate sobre as mensagens litúrgicas;
- questões específicas de cada tema para os catequizandos, com o propósito de acompanhar o entendimento do conteúdo que estiverem registrando;
- análise que servirá de base para corrigir equívocos de entendimento;
- encontro orante e muitas outras possibilidades.

Sabemos dos grandes desafios a serem superados durante todo o processo catequético, porém a esperança e a fé que nos movem são muito maiores. Que, sem medo, nos lancemos no serviço para o qual Deus nos chama, sendo testemunhas vivas da fé da comunidade celebrante.

Pe. Thiago Faccini, Francine P. Ortiz e Equipe

Apresentação e envio dos catequistas

Palavra inicial: O objetivo da celebração é apresentar para toda a comunidade os catequistas que exercerão o ministério da catequese, destacando a grande importância desse serviço à vida da Igreja. Aconselhamos que essa celebração aconteça no domingo que antecede a quarta-feira de cinzas seguindo a liturgia do dia. Por motivos pastorais pode ocorrer num outro dia da semana.

Preparando o ambiente: Bíblia para ser entregue uma para cada catequista, em sinal da missão por eles assumidas como anunciadores do Reino. Reservar bancos para os catequistas. Acrescentar na monição inicial a apresentação e envio dos catequistas.

Procissão inicial: Os catequistas participam da procissão inicial.

Saudação inicial: O presidente acolhe os catequistas.

(Tudo segue como de costume, até a homilia.)

Rito de apresentação e envio dos catequistas

(Após a proclamação do Evangelho e a homilia, o diácono ou, na falta dele, o coordenador da catequese chama cada um dos catequistas pelo nome.)

Diácono: *Queiram aproximar-se os que exercerão o ministério da catequese: ...N..., ...N...*

Cada um responde individualmente: *Presente!*

(Ou todos juntos se forem muitos.)

(Os catequistas proferem seu compromisso catequético)

Comentarista: Neste momento convidamos todos os catequistas a ficarem de pé e, a uma só voz, pronunciarem seu compromisso.

Nós, catequistas, viemos, perante esta assembleia congregada pelo Senhor, manifestar o desejo de participarmos do ministério da catequese. O Senhor que nos chamou a formar parte do seu povo, pelo Batismo, convida-nos a sermos testemunhas, mestres e educadores da fé.

Ao assumirmos esse serviço, estamos conscientes de participarmos na grande missão que Jesus Cristo confiou à sua Igreja: "Ide por todo o mundo e anunciai a todos a mensagem da salvação".

Presidente: Caros catequistas, quereis viver o vosso ministério de catequistas na fidelidade a Deus e na atenção aos irmãos?

Catequistas: Sim, queremos.

Presidente: Estais dispostos a desempenhar a vossa missão, sendo testemunhas da Boa Nova de Jesus?

Catequistas: Sim, estamos.

Presidente: Quereis viver o vosso serviço de catequistas, em espírito de serviço à comunidade?

Catequistas: Sim, queremos.

(O presidente estende as mãos sobre os catequistas.)

Presidente: *"Dignai-vos, Senhor, confirmar em seu propósito, com a vossa benção + paterna, estes vossos filhos e filhas que anseiam por entregar-se ao trabalho da catequese, para que se esforcem por instruir os seus irmãos em tudo que aprenderem com a meditação da vossa Palavra de acordo com a doutrina da Igreja[1]."*

Catequistas: *Amém.*

---

[1] Oração extraída do livro PRESBITERAL – Bênçãos Referentes à Catequese e à Oração Comum. Petrópolis: Vozes, 2007, p. 671.

(Logo após se aproximam, um de cada vez ou, se forem muitos, fazem uma fila um ao lado do outro, e o presidente entrega a Palavra de Deus a cada um.)

Presidente: *...N..., recebe o Livro Sagrado, instrumento e sinal de seu ministério, exerça-o com solicitude, transmitindo com fidelidade a Sua Palavra para que ela frutifique cada vez mais no coração das pessoas.*

Catequista: *Amém.*

(Se forem muitos, o padre diz a fórmula somente uma vez e, depois, prossegue com a entrega da Bíblia enquanto se entoa um canto. Todos retornam aos seus lugares e a missa prossegue como de costume.)

Preces: No momento da Oração da Assembleia, pode-se acrescentar algumas das orações pelos catequistas e catequizandos.

Se for oportuno, ao final da oração Pós-Comunhão apresentam-se os catequizandos que ingressarão em mais uma etapa da catequese crismal. No final, o padre dá a bênção de envio aos catequistas.

Oremos: *Deus de infinita sabedoria, que chamastes o apóstolo Paulo para anunciar às nações o vosso Filho, nós vos imploramos em favor de vossos servos e servas, catequistas de nossas comunidades, que vivem com dedicação e fidelidade sua vocação: concedei-lhes imitar o apóstolo dos gentios, abrindo-se a vossa graça e considerando todas as coisas como perda comparada ao bem supremo do conhecimento de Cristo, vosso Filho, a fim de que permaneçam fiéis ao anúncio da Palavra e no testemunho da caridade. Amém. ABENÇOE-VOS DEUS TODO-PODEROSO, PAI...*

1º Encontro

Somos diferentes, somos humanidade

Palavra inicial: O objetivo do encontro é favorecer ao catequizando a compreensão de que Deus criou cada um de nós por amor, presenteando-nos com dons singulares. Celebrar as diferenças como expressão individual do amor de Deus e assumir que pertencemos à mesma família na Criação divina: a humanidade.

Preparando o ambiente: Ambão com toalha da cor do tempo litúrgico, velas e Bíblia. Para a dinâmica: papel *Kraft*, ponte desenhada em papel sulfite (nela escrever HUMANIDADE) e canetinhas coloridas.

Acolhida: O catequista acolhe os catequizandos saudando-os com o dizer *"Somos todos irmãos, ...N..., bem-vindo!"*, então os conduz para a sala de encontros. Quando já estiverem na sala, saúda a todos mais uma vez, desejando-lhes boas-vindas.

Recordação da vida: O catequista convida os catequizandos a ficarem de pé ao redor da Mesa da Palavra e os motiva a recordar fatos importantes da vida pessoal e da comunidade, ocorridos especialmente durante o período de recesso dos encontros de catequese. Destacar como esses fatos podem revelar as diferenças entre as pessoas e a necessidade de respeitá-las.

NA MESA DA PALAVRA

Oração inicial: O catequista prossegue motivando a oração, pedindo a proteção de Deus para que esses jovens possam fortalecer seu compromisso de respeitar uns aos outros como são, assumindo-se parte da mesma humanidade. Em seguida, conclui invocando o Espírito Santo rezando ou cantando.

> *Senhor, que no encontro de hoje possamos sentir o amor com o qual cada um de nós foi criado. Que celebremos as diferenças como expressão da nossa individualidade, pois somos únicos no Teu Reino. E que possamos fortalecer nosso compromisso com a humanidade, animando-nos uns aos outros no dia a dia.*

O catequista dirige-se até o ambão, de onde proclama o texto bíblico indicado. Nos demais encontros a leitura poderá ser realizada por um catequizando previamente escolhido.

Leitura do texto bíblico: Ef 4,1-7.

Após alguns minutos de silêncio, o catequista lê o texto novamente, pausadamente, destacando alguns pontos.

> *Exorto-vos a andardes de maneira digna da vocação a que fostes chamados, com toda a humildade e mansidão, com paciência, suportando-vos uns aos outros no amor. [...] Há um só Deus e Pai de todos, que está acima de todos, que age por meio de todos e em todos.*

O catequista convida a todos a sentarem ao redor da Mesa da Partilha.

NA MESA DA PARTILHA

Convidar os catequizandos a realizarem uma leitura silenciosa do texto bíblico proclamado. Depois, perguntar qual versículo mais lhes chamou atenção e/ou qual mais gostaram e o porquê. Após ouvir alguns catequizandos, prosseguir solicitando que se coloquem em pé formando um grande círculo. Pedir que olhem uns para os outros, silenciosamente, observando o que faz cada pessoa ser única nesse encontro (oriente para observarem aspectos físicos, de vestuário, de preferências...). Dizer que, mesmo diante de todas as aparentes diferenças entre nós, há elementos que sabemos serem comuns em nosso grupo: a partilha de uma mesma confissão de fé, o interesse em prosseguir na sua formação de fé... Quais serão os outros elementos semelhantes entre nós? E quais serão os elementos que continuarão a nos diferenciar?

Pedir que cada um diga seu nome e apresente a si mesmo, de um modo breve, ao grupo. A cada apresentação, orientar o grupo a dizer: "N, seja bem-vindo, que bom ter você aqui". Depois disso, comentar sobre as diferenças presentes entre nós e, igualmente, sobre o respeito que tivemos uns com os outros ao oferecer nossa acolhida.

Pedir para fecharem os olhos e lembrarem de bons momentos vividos com as pessoas que amam (família, amigos...). Então, pedir que abram os olhos novamente e comentar sobre como essas lembranças são particulares, irrepetíveis e vividas unicamente por eles. Mesmo quando partilhamos de um momento juntos, os sentimentos, as impressões e os pensamentos despertados nesse momento serão diferentes entre nós e os outros. Isso porque cada pessoa possui um jeito singular de experimentar o mundo e os relacionamentos. Deus criou-nos assim. Poderíamos dizer que a diversidade é uma característica do amor Dele por nós. Ele deu a cada pessoa um organismo, um temperamento e uma predisposição única. Esse conjunto, quando em interação com a história de vida de cada sujeito, molda personalidades que nunca serão copiadas.

No entanto, ainda que sejamos diferentes, pertencemos à mesma comunidade criada por Deus: a humanidade. Nela compartilhamos a capacidade de amar e sofrer, de sonhar e sorrir, além de todos vivermos a experiência de nascer e morrer. É por isso que, mesmo do outro lado do mundo, anônimos uns aos outros, conseguimos sentir a dor do próximo. A solidariedade, a compaixão e a caridade existem e se fortalecem quando o senso de humanidade supera os limites das diferenças.

Esclarecer que o texto bíblico desse encontro orienta para que, seguindo os ensinamentos de Cristo – com humildade, mansidão e paciência –, possamos dar e ser suporte uns aos outros. Possamos conviver com o que nos faz diferentes sem perder o respeito e o vínculo de paz que nos une. Possamos, sobretudo, agir segundo os dons que Deus nos deu para conservar a unidade no Espírito, pois pelo Batismo somos inseridos no corpo de Cristo, a Igreja. É nosso dever manter essa unidade que nos mantém juntos e nos torna membros ativos da humanidade.

DINÂMICA

Usando papel Kraft, apresentar um grande mural. Pedir aos catequizandos para pensarem em situações nas quais as diferenças acabam se tornando motivo para conflitos. Ressaltar que as diferenças sempre existiram e continuarão existindo, mas conflitos só acontecem quando as pessoas são incapazes de tolerar opiniões, estilos de vida, crenças, aparências... distintos dos seus.

Com um traço, dividir o mural em dois lados: direito e esquerdo. Organizar os catequizandos em dois grupos.

- **O grupo 1**, responsável pelo lado esquerdo, deverá desenhar cenas e escrever palavras ou frases que estejam relacionadas aos conflitos que a intolerância às diferenças pode causar (se necessário, exemplificar: preconceito racial, guerra, bullying, violência contra a mulher...).
- **O grupo 2**, responsável pelo lado direito, deverá desenhar cenas e escrever palavras ou frases que estejam relacionadas ao estilo de vida que o texto bíblico propõe, ou seja, às situações que o respeito e a tolerância às diferenças podem causar (se necessário, exemplificar: campanhas solidárias, defesa dos direitos das minorias, amizade inter-racial e intercultural, educação inclusiva, melhor acessibilidade urbana...).

Pedir para os grupos apresentarem o que escreveram. Promover uma reflexão sobre cada elemento incluído no mural, solicitando mais exemplos ou aprofundando conceitos quando necessário. Propor um paralelo entre os grupos, avaliando se o que o **grupo 1** incluiu apresenta sua solução ou oposição no material do **grupo 2** (por exemplo: a violência contra a mulher poderia diminuir se, respeitando as diferenças, os direitos delas fossem protegidos).

Apresentar o desenho de uma ponte (pode ser em papel sulfite) na qual esteja escrito HUMANIDADE. Comentar que Deus criou cada um de nós com especial atenção aos detalhes. Nosso corpo expressa claramente algumas das nossas diferenças, outras não são tão visíveis e dizem respeito ao nosso temperamento e jeito de ser. Ninguém é como nós somos, mas todos pertencemos à mesma comunidade criada por Deus: a humanidade. Quando compreendemos que compartilhamos a humanidade, vemos no próximo alguém dotado de sentimentos como nós somos.

Colar a ponte no centro do mural. Dizer que é o senso de humanidade que nos faz sair da intolerância às diferenças para a valorização delas, como uma expressão do amor de Deus na criação de cada pessoa.

Finalizar esse momento convidando alguns catequizandos a comentarem o que aprenderam neste encontro.

Prepare-se

Adolescentes costumam questionar conceitos. Nesse caso, algum deles pode indagar se devemos também respeitar culturas que prejudicam e matam pessoas, ou seja, qual é o limite da tolerância às diferenças? O catequista pode responder que o limite da tolerância reside no amor ao próximo e à vida. Assim, nossa conduta em relação a culturas como essas não pode ser igualmente violenta ou excludente. O ideal é nos manifestarmos pacificamente a favor de mudanças que protejam as pessoas. Para isso, devemos entender a origem de padrões culturais que se opõem aos valores cristãos, pois seu embasamento social e antropológico nos permitirá perceber que o conceito de maldade, crueldade, injustiça... varia de uma cultura para outra. O que consideramos um atentado à vida pode ser simplesmente compreendido como uma punição socialmente aceitável a uma cultura diferente da nossa. Como condenar uma atitude dentro de outro contexto cultural usando critérios da nossa cultura? Ao entender que a cultura é uma construção social resultante da história de um povo, é possível assumi-la como fluida, mutável, capaz de sofrer ajustes. E essa é a esperança dos cristãos: anunciar os valores do Evangelho e testemunhá-los através das nossas vidas é o nosso jeito de construir uma sociedade mais justa, fraterna e solidária; é o nosso jeito de construir o Reino de Deus em todos os lugares.

Conclusão: Pedir para que os catequizandos façam as atividades propostas no Diário Catequético e Espiritual. Explicar que, no Diário, serão convidados a analisar a colaboração deste encontro para compreenderem as diferenças como expressão do amor de Deus ao criar a humanidade, sendo importante respeitá-las. Pedir para que escrevam e tragam o Diário no próximo encontro para partilhar.

Oração final: O catequista convida os catequizandos a ficarem em pé ao redor da Mesa da Palavra e os incentiva a formularem orações e preces. Conclui rezando o Pai-nosso e fazendo a oração:

> *Ó Deus, que não nos faltem respeito e tolerância às diferenças que nos fazem únicos. Que possamos, a partir das nossas atitudes, motivar as pessoas a conviverem pacificamente e a verem a si mesmas como uma criação amada do Pai. Por Cristo, nosso Senhor. Amém.*

Após a oração, o catequista impõe as mãos sobre a cabeça de cada catequizando e traça o sinal da cruz em sua fronte dizendo: *"Vai em paz, ...N..., filho amado do Pai!"*.

Material de apoio

- Pode-se apresentar a canção "Diversidade", de Lenine, que aborda a diferença como uma criação de Deus: "Foi pra diferenciar / Que Deus criou a diferença / Que irá nos aproximar / Intuir o que Ele pensa".

- Pode-se, também, apresentar a canção "Ser diferente é normal", de Adilson Xavier e Vinícius Castro. Vários artistas já a interpretaram (Lenine, Biquíni Cavadão...), mas sugerimos uma versão que se compõe de diversos gêneros musicais e conta com a participação da comunidade, disponível em: <https://youtu.be/WjdPlFKd64c>.

2º Encontro

Quem sou eu?

Palavra inicial: O objetivo do encontro é levar o catequizando a refletir sobre sua própria individualidade e identidade, compreendendo que os valores cristãos é que são imutáveis. Enfatizar que cada pessoa é única e detentora de dons e talentos singulares, que Deus ama e Jesus chama a segui-lo colocando em prática o que somente nós podemos fazer na construção do Reino.

Preparando o ambiente: Ambão com toalha da cor do tempo litúrgico, velas e Bíblia. Para a dinâmica: uma folha de papel sulfite para cada catequizando; disponibilizar para todos canetinhas coloridas, revistas para recorte, tesouras, bastões de cola, lápis de cor, gizes de cera e réguas.

Acolhida: O catequista acolhe os catequizandos saudando-os com o dizer: *"Somos únicos, ...N..., bem-vindo!"* e os conduz para a sala de encontro. Quando já estiverem na sala, saúda a todos mais uma vez, desejando-lhes boas-vindas.

Recordação da vida: Ao redor da Mesa da Palavra, o catequista motiva a recordar o primeiro encontro no qual conheceram uns aos outros e puderam refletir sobre o valor das diferenças que nos fazem únicos. Relembrar que todos foram criados e são amados por Deus, de modo que pertencemos à mesma comunidade: a humanidade.

NA MESA DA PALAVRA

Oração inicial: O catequista prossegue com a oração pedindo a proteção de Deus a todos os catequizandos, para que possam estar sempre unidos ao Pai e protegidos por Ele. Em seguida conclui invocando o Espírito Santo rezando ou cantando.

Convidar a todos para cantarem, aclamando o santo Evangelho, enquanto um catequizando dirige-se até o ambão para proclamá-lo.

Leitura do texto bíblico: Rm 12,2-8.

Depois de um momento de silêncio, o catequista lê o texto novamente, desta vez pausadamente, destacando alguns pontos.

> *Pela graça que me foi dada, recomendo a todos e a cada um de vós que não faça de si próprio um conceito maior do que convém, mas um conceito modesto, de acordo com a medida da fé que Deus lhe concedeu.*

O catequista convida a todos a sentarem ao redor da Mesa da Partilha.

NA MESA DA PARTILHA

Convidar os catequizandos a relerem em silêncio a passagem proclamada. Depois incentivá-los a partilhar o que cada um entendeu. A partir do texto, pedir aos catequizandos para pensarem quem são para si mesmos, quem são para os outros (amigos, parentes, comunidade...) e quem são para Deus. Fazer um momento de silêncio para lhes permitir considerar a questão. Ressaltar que, às vezes, as respostas se desencontram. Percebemos que quem somos para os outros nem sempre equivale a quem somos para nós mesmos. Ou quem somos para Deus parece distante de como nos vemos em relação aos outros. Salientar que somos esse desencontro, pois a identidade se constrói no conjunto das nossas diversas faces.

Destacar pontos-chave dos versículos para o diálogo:

Versículo 2
"...não vos ajusteis aos modelos deste mundo."

Refletir sobre os modelos do mundo, pedir exemplos e conversar sobre por que a leitura bíblica nos apresenta esse alerta; por que é importante ao cristão reconhecer e não se ajustar aos modelos do mundo que entram em conflito com os valores aprendidos com Jesus Cristo.

Perguntar: *quais são os modelos aos quais você tem se ajustado?*

Versículo 2
"...renovando vossa mentalidade, para que possais conhecer qual é a vontade de Deus."

Refletir sobre a importância de o cristão não se fechar para o mundo, mas procurar renovar sua mentalidade a fim de sempre manter sua sensibilidade ao que agrada a Deus. Dizer que os cristãos muitas vezes são considerados "caretas" ou "ultrapassados", mas a verdade é que acompanhamos as mudanças e fazemos parte delas. Não ignoramos a realidade que nos cerca como muitos pensam. Nós apenas procuramos observar e pensar as mudanças segundo os valores propostos nos Evangelhos. Nós procuramos estar e viver no mundo, mas nosso compromisso é com a construção de uma sociedade que fundamenta o seu agir a partir da misericórdia, do amor, da solidariedade e da proteção à dignidade da vida.

Perguntar: *seu discurso e suas atitudes revelam a busca pelo que agrada a Deus?*

Versículo 3
"...não faça de si próprio um conceito maior do que convém."

Refletir sobre a pressão da sociedade para que sejamos e tenhamos sempre mais, para que nunca estejamos satisfeitos com nossa aparência, nossos bens e nossa realidade. Destacar que essa pressão está diretamente relacionada à nossa identidade, pois não se resume apenas a quem somos, mas a quem ansiamos ser. Explorar a importância de buscar ser realista sobre si mesmo, de ser moderado ao falar de suas virtudes, de evitar dizer inverdades acerca de suas habilidades. Isto porque tal comportamento exigirá um alto preço a pagar, como praticar atitudes que justifiquem o que atribuiu a si mesmo. Ressaltar a importância de ser humilde, de reconhecer as suas limitações e habilidades de modo real, concreto.

Perguntar: *você ama a si mesmo como Deus o ama?*

Versículo 5

"...somos um só corpo em Cristo, mas cada membro está a serviço dos outros membros."

Refletir sobre haver uma diferença na constituição da identidade de uma pessoa cristã em relação às demais pessoas. Para nós, ser cristão não é apenas uma característica somada a várias outras que nos formam como sujeitos. Observando a vida de Jesus, aprendemos que sua identidade era sustentada por seu relacionamento com Deus. Ele era quem era, Ele é quem é, por seu compromisso e amor a Deus. O mesmo ocorre conosco. Nossa identidade é influenciada diretamente pelo modo como agimos, e nossas ações não consideram apenas o que nos convém individualmente. Entendemos que a felicidade não é plena se, para conquistá-la e vivê-la, outras pessoas precisam ser subjugadas. Nosso senso de coletividade sustenta nossa identidade.

Perguntar: *com que frequência você considera a felicidade e o bem-estar das pessoas nas suas decisões?*

Versículo 6

"...temos, porém, dons diferentes segundo a graça que nos foi dada."

Refletir que a identidade se constrói sob a influência de fatores biológicos, culturais e comportamentais. Nenhum deles, no entanto, é seguramente invariável. Até mesmo aspectos biológicos, sob a interferência médica, podem mudar. Por isso a combinação desses fatores é bastante particular e seu resultado é irrepetível. Somos únicos! Os dons que recebemos são apenas nossos e ninguém jamais faria uma determinada tarefa como nós. Existem incontáveis professores/catequistas, mas nenhum deles é igual ainda que sigam o mesmo método. Existem incontáveis cristãos, mas nenhum deles é igual no seu relacionamento com Deus. Há dons que somente você recebeu, isso é uma dádiva e também uma grande responsabilidade na construção de uma sociedade a ser moldada tendo como inspiração a proposta do Reino de Deus. Há uma tarefa que somente você poderá executar, uma tarefa que depende da sua escolha em assumi-la. Infelizmente, vemos pessoas que passam a vida inteira lutando contra seus próprios dons ou ignorando-os. Não conseguem ver o seu valor, a sua importância. Lembre-se: você não precisa ser maior do que convém. Basta ser quem é, basta abraçar a si mesmo como Deus o fez.

Perguntar: *você já descobriu seus dons?*

Após discutir essas questões, sempre trazendo exemplos da realidade dos catequizandos, motivá-los para a dinâmica.

DINÂMICA

Entregar uma folha de papel sulfite para cada catequizando. Disponibilizar para todos canetinhas coloridas, revistas para recorte, tesouras, bastões de cola, lápis de cor, gizes de cera e réguas.

Pedir que produzam na folha de papel um resumo de quem são. Podem escrever, desenhar, colar figuras... o que desejarem. O importante é que, ao final do trabalho, a folha seja um reflexo de sua identidade. Durante o processo, teça elogios sobre os trabalhos. Incentive a criatividade.

Depois, sentados em círculo, peça que cada catequizando erga seu trabalho para ser visto pelos demais. Oriente que observem os trabalhos uns dos outros e diga que cada mínimo detalhe expressa quem são as pessoas que estão, nesse momento, compartilhando esse mesmo espaço. Peça que observem os trabalhos como se lhe contassem um segredo. Vejam além das aparências. Tentem decifrar os sentimentos que as palavras e imagens traduzem.

Oriente que cada catequizando escolha o trabalho de um colega para dizer quem aquela pessoa é através da sua arte. Se ninguém se manifestar, você pode dar um exemplo e descrever o trabalho de um dos catequizandos: "vejo nessa folha alguém animado, que talvez goste de esportes e de assistir séries policiais". Depois que concluir, incentive que façam o mesmo. Deixe-os falar o que veem. Não é necessário que todos falem se não for possível.

Depois, peça que os catequizandos que tiveram seus trabalhos descritos revelem se o que desejaram expressar foi realmente captado. Peça que corrijam a intepretação, se necessário. A intenção é provocar a reflexão sobre como a imagem não revela a essência, permitindo diferentes interpretações sobre quem somos.

Refletir sobre como há pessoas que se dedicam a construir uma imagem atraente aos outros, porque se incomodam com a opinião alheia a seu respeito, mas não percebem o que a dinâmica revelou: a imagem, por mais bela e bem elaborada que seja, é incapaz de revelar a essência de quem a construiu.

Na vida, somos o nosso próprio papel. As nossas roupas, o modo como organizamos ou desorganizamos nosso penteado, as nossas palavras, os nossos trejeitos, as nossas convicções, as artes das quais gostamos (se somos fãs de sagas, de séries, de bandas...), tudo nos define diante do outro, mas não é quem somos. Quem somos reside naquilo que não muda. As roupas, o penteado, a banda, os trejeitos favoritos... podem e provavelmente irão mudar com o tempo. Os nossos valores, se ancorados nos ensinamentos de Jesus Cristo, não mudarão. Porque, de tudo, o que permanece é o Senhor. Enquanto nossa identidade for sustentada pelo nosso amor a Cristo, nossas atitudes podem mudar no jeito de serem expressadas, mas não na sua essência. Porque a sua essência será o que Ele nos ensinou.

Conclusão: Pedir para que os catequizandos façam uma reflexão realizando as atividades propostas no Diário. Explique que, no Diário, serão convidados a analisar como este encontro os ajudou a perceber quem são e, especialmente, a entender que os valores ensinados por Jesus Cristo sustentam a nossa essência como discípulos missionários. Pedir para que escrevam e tragam o Diário no próximo encontro para partilhar.

Oração final: Convidar os catequizandos a ficarem em pé ao redor da Mesa da Palavra para a oração final, motivando-os a formular orações e preces. Depois, convidar a todos a rezarem o Pai-nosso e concluir com a oração:

> *Ó Deus, que não nos deixemos pressionar para sermos mais do que nos convém ou para sermos o que as pessoas querem. Que os ensinamentos de Jesus sejam o pilar que sustenta a nossa essência e que, durante a nossa missão de discípulos missionários, não nos falte coragem para exercer nossos dons e talentos a favor do Reino. Por Cristo nosso Senhor. Amém.*

Após a oração, o catequista impõe as mãos sobre a cabeça de cada catequizando e traça o sinal da cruz em sua fronte, dizendo: *"Vai em paz, ...N..., filho amado do Pai!"*.

Material de apoio

Pode-se apresentar a canção "Meu Amigo Pedro", de Raul Seixas, que aborda a identidade de dois protagonistas diferentes: um mais ousado, outro mais tradicional. A canção aborda admiração e amor do protagonista por Pedro, ao mesmo tempo que as diferenças trazem dificuldade à relação: "E eu não tenho nada a te dizer / Mas não me critique como eu sou / Cada um de nós é um universo, Pedro / Onde você vai eu também vou". Disponível no YouTube: <https://youtu.be/oU2aGLfmZvg>.

Ainda, pode-se apresentar o poema "Traduzir-se", de Ferreira Gullar, que apresenta a constante mutação da identidade a migrar entre opostos: "Traduzir uma parte na outra parte — que é uma questão de vida ou morte — será arte?". Disponível na obra "Na vertigem do dia", publicada pela editora José Olympio (2004), ou facilmente encontrada na Internet.

Outro poema de distinta qualidade para abordar a identidade intitula-se "Poema em Linha Reta", de Fernando Pessoa. Nele, pode-se abordar a importância da autoaceitação e de não permitir que a preocupação com a opinião alheia torne a construção da identidade um processo aflitivo: "Arre, estou farto de semideuses! Onde é que há gente no mundo? Então sou só eu que é vil e errôneo nesta terra?". Disponível no YouTube na voz de Paulo Autran: <https://youtu.be/3dRchZ-vRAI>.

3º Encontro

Amor na vida cristã

Palavra inicial: O objetivo do encontro é levar o catequizando a refletir sobre a vivência dos valores cristãos no relacionamento amoroso, especialmente no que se refere à intimidade e sexualidade do casal como expressão do amor que os une.

Preparando o ambiente: Ambão com toalha da cor do tempo litúrgico, velas e Bíblia. Para a dinâmica: lápis, borracha e uma folha de papel contendo a poesia "Eu não sou você, você não é eu", de Madalena Freire, para cada catequizando.

Providenciar sistema multimídia com som e acesso à Internet para transmitir o vídeo "Eu vos declaro", produzido por Porta dos Fundos, até 3:10 minutos.

- Poesia disponível em: <https://pensador.uol.com.br/frase/NDY2Nzgz/>.
- Vídeo disponível em: <https://www.youtube.com/watch?v=TY6TM06E7iA>.

Acolhida: O catequista acolhe os catequizandos saudando-os com o dizer: *"Bem-vindo, ...N..."*. Na sala, saúda a todos mais uma vez, desejando-lhes boas-vindas.

Recordação da vida: Ao redor da Mesa da Partilha ou da Palavra, convida para o momento de recordação da vida e oração inicial.

Motivar a recordar o encontro anterior, no qual refletiram sobre o valor das diferenças que fazem de cada pessoa única. Comentar que, quando as diferenças são respeitadas e toleradas, estamos colaborando para superar atitudes de violência motivadas pela rejeição do próximo. Relembrar que fazemos parte da mesma comunidade criada por Deus: a humanidade.

NA MESA DA PALAVRA

Oração inicial: O catequista prossegue com a oração, pedindo a sabedoria de Deus para que cada catequizando assuma e cultive os valores cristãos em seus relacionamentos amorosos. Em seguida convida-os a, juntos, invocarem o Espírito Santo rezando ou cantando.

O catequista orienta um catequizando para proclamar o texto bíblico indicado.

Leitura do texto bíblico: Ct 1,2-4.15-17.

Após um período de silêncio, o catequista lê o texto novamente, pausadamente, destacando alguns pontos.

> *Ele: Como és bela, minha amada! Como és bela, com teus olhos de pomba!*
> *Ela: E tu, como és belo, querido, como és encantador! O verde gramado nos sirva de leito! Cedros serão as vigas de nossa casa e ciprestes serão o teto.*

O catequista convida a todos a sentarem ao redor da Mesa da Partilha.

Convidar os catequizandos a uma leitura silenciosa do texto, observando sua forma literária. Então convidar para partilhar suas opiniões, perguntando do que se trata o texto. Depois de ouvi-los, dizer que o livro do Cântico dos Cânticos é definido como um poema, de autoria desconhecida, apesar de erroneamente no passado ter sido atribuída a Salomão, um grande rei do Antigo Testamento.

Todo o livro compreende cantigas de amor dialogadas, as quais a tradição da Igreja interpretou num sentido figurado, de ordem espiritual, revelando o amor de Deus como esposo de Israel. Porém o livro pode ser lido num sentido literal como expressão do amor natural e humano, dos sentimentos mais profundos da humanidade que brotam do coração e do desejo.

Diante dessa leitura mais literal do texto, o catequista poderá perguntar aos catequizandos como escolhem seus relacionamentos. Ouvir e acolher as respostas, motivando-os com questionamentos: "O que faz uma pessoa se tornar sua amiga?", "O que leva você a se apaixonar por alguém?", "Para você, como um relacionamento se torna importante?", "Qual é o seu limite para terminar uma amizade ou um namoro?". A meta é promover uma breve reflexão sobre os diferentes relacionamentos que construímos com as pessoas, desde o seu início até o seu término.

A partir dessa introdução, comentar que Deus nos criou para convivermos uns com os outros, e não para ficarmos ou nos sentirmos sós. Ele sabia que, para a vida ter verdadeiro valor, era necessário conhecermos o prazer de nos relacionarmos com as pessoas. No entanto nem sempre é fácil convivermos uns com os outros, especialmente quando temos dificuldade de perceber nosso próprio papel nos relacionamentos. Por vezes caímos na armadilha de pensar que o outro, quando nos ofende, nos critica ou nos rejeita, é o total responsável pelas nossas reações. Se gritam conosco, gritamos de volta; se nos ofendem, ofendemos de volta. Essa atitude reativa e defensiva dificulta construir relacionamentos saudáveis e respeitosos.

Conversar sobre ser possível mudar a qualidade dos nossos relacionamentos quando, igualmente, mudamos a nós mesmos, o nosso jeito de falar e agir. Ressaltar, que não podemos assumir a responsabilidade do outro na relação, mas podemos ajudá-lo a também perceber que, se cada um colaborar, seremos mais felizes juntos. Para o cristão, o amor que podemos construir com o outro é muito mais valioso do que o nosso orgulho ou egoísmo. Por isso dar o primeiro passo a favor de um relacionamento mais saudável, no qual possamos expressar nossos sentimentos com honestidade porque respeitaremos uns aos outros, é um ato corajoso e coerente de quem entende como colocar em prática os valores cristãos.

Comentar que os resultados das nossas tentativas de construir um relacionamento feliz com o outro – pais, amigos, namorado(a), colega de trabalho, esposo(a)... – podem não surgir imediatamente, mas não desistir é também uma lição valiosa que Jesus nos deixou, pois igualmente não desiste de nós apesar de frequentemente errarmos e nos afastarmos Dele.

Salientar que é fundamental conhecer a si mesmo, portanto, para avaliar em qual proporção as dificuldades que enfrentamos nos relacionamentos estão sendo influenciadas pela nossa maneira de agir. Isso não quer dizer que "provocamos" essas dificuldades, nós apenas acabamos sendo alguém que participa do processo que as cria e/ou mantém. Se negarmos nossa responsabilidade sobre a condição, a qualidade e o modo como os nossos relacionamentos estão, estaremos igualmente negando sermos capazes de mudá-los. E Deus nos criou com total capacidade de moldar e transformar nossas vidas sempre que quisermos. Esse é o dom do livre-arbítrio quando usado para realizar escolhas baseadas no amor cristão.

DINÂMICA

Entregar aos catequizandos a folha com a poesia "Eu não sou você, você não é eu", de Madalena Freire. Recitá-la em voz alta e, depois, orientar para lerem em silêncio observando o que o texto lhes diz. Comentar que a poesia ilustra como os outros nos influenciam e como nós somos capazes de influenciá-los.

Convidar a pensar sobre como, às vezes, é difícil reconhecer essas influências. Nos relacionamentos amorosos, por exemplo, notamos com frequência pessoas acusando umas às outras quando se sentem infelizes. O amor que Deus nos mostra como modelo, no entanto, é incondicional. Ele não quer que amemos somente quando o outro nos agrada, nos satisfaz ou nos desperta um estado de alegria. Devemos amar não apenas quando nos convém.

Apresentar o vídeo "Eu vos declaro", produzido por Porta dos Fundos (até 3:10 minutos). Promover um debate sobre o relacionamento amoroso, indagando sobre o que pode estar levando o casal protagonista a questionar o sacramento do Matrimônio. Destacar que o amor, quando limitado a condições financeiras, de beleza, de saúde, de comportamento, não expressa os valores que aprendemos com Jesus. Refletir, então, como é o amor que Deus deseja que vivamos em nossos relacionamentos amorosos.

Pode-se explorar que:

- Amar envolve o compromisso de apoiar o outro diante das dificuldades.
- O amor não pode ser condicionado somente a situações prazerosas.
- Quando amamos, nos preocupamos em colaborar para a felicidade do(a) companheiro(a) e queremos fazer parte dela.
- O amor de Deus é compassivo, paciente, manso e bondoso. Esse é o modelo que devemos seguir em nossos relacionamentos.
- Mas o amor de Deus é igualmente justo, digno e fiel. Nele não existe mentira ou ofensa.

Conversar sobre o texto bíblico, ressaltando que o Cântico dos Cânticos é um livro que, se lido de modo literal, é repleto de confissões entre um casal. O amor é expressado com veneração, intercalando-se entre ele e ela numa voz lírica. Os versículos envolvem a conquista, o casamento, a noite de núpcias e a vida matrimonial. Percebe-se, ainda, momentos de conflito e reconciliação.

Em Ct 1,2-4 é possível notar quão profundamente o casal se deseja e o quão passional é seu amor. O discurso é repleto de embevecida admiração mútua. A experiência da sexualidade é, portanto, aguardada com expectativa. Em Ct 1,15-17 nota-se que o amor perdura e agora ambos sonham com a vida compartilhada, com sua morada.

Comentar que o amor entre um casal, segundo os valores cristãos, fortalece o respeito à individualidade de cada um. Por meio do diálogo, procura resolver os conflitos e consolidar objetivos comuns à vida compartilhada. Quando há amor verdadeiro, há o esforço mútuo em colaborar para o crescimento pessoal da pessoa amada; há o desejo de apoiá-la nos estudos, nas escolhas profissionais, nos problemas familiares, nos sonhos pessoais. Diferente do que o vídeo apresentou, quando há amor, há um compromisso leal.

Esse modelo de amor permite desenvolver uma intimidade que respeita os limites de cada um. Deus deseja que o sexo entre o casal seja uma expressão do amor que os une, vivido com respeito a si mesmo e ao outro. O sexo não é, portanto, um modo de satisfação pessoal. É uma experiência que deve fortalecer o vínculo do casal. Por isso a sexualidade do cristão não é vivida levianamente. Entendemos o sexo como um complemento a uma relação já construída e vivida com o amor que Deus inspirou. As possíveis consequências do sexo, neste caso, devem ser igualmente consideradas. O casal que se ama deve estar preparado para assumir a família que se forma. É por isso que, na adolescência e juventude, embora haja natural curiosidade sobre a vida sexual, convém ser paciente e não ceder a impulsos que possam prejudicar os envolvidos. O sexo deve ser reservado para o momento em que o relacionamento se provou duradouro e sério, vivido com responsabilidade, orientado pelos valores cristãos. Ainda, é importante que o início da vida sexual não seja ocasionado por pressão social, curiosidade, desejo leviano ou por outras razões que não valorizam a sexualidade como expressão de amor vivido de acordo com a proposta dos valores do Evangelho.

Convidar a refletir sobre o que é intimidade. Se desejar, ler o artigo "Aquela coisa chamada intimidade", de Carol Tavares (ver material de apoio). Destacar que, quando íntimos de alguém, podemos até nos envergonhar, mas não escondemos nossos defeitos, opiniões ou manias que seriam usualmente considerados impopulares ou infantis. Queremos revelar quem somos sob as máscaras sociais, na esperança de receber aceitação e acolhimento; na esperança de que o amor perdure e supere as diferenças. Igualmente, na intimidade, conhecemos o outro além das aparências. Podemos vê-lo em sua essência. É algo que demanda confiança e respeito mútuos.

Por isso, para nós, a sexualidade só é vivida em um relacionamento amoroso com intimidade e orientado pelos valores cristãos. Ainda, é vivida apenas quando o casal consegue conversar a respeito do assunto, compartilhando seus receios, limites e expectativas.

Ressaltar que o namoro, para um cristão, é um compromisso importante com quem nos relacionamos e com Deus. É uma etapa na qual construímos a dinâmica da nossa interação amorosa, sendo essencial cultivar desde o início valores como respeito, fidelidade, amizade, paciência, perdão e compaixão. É durante o namoro que se constrói a base que acompanhará o casal ao longo de seu relacionamento, especialmente no que se refere aos objetivos e planos compartilhados.

Conclusão: Pedir para que os catequizandos façam as atividades propostas no Diário. Explique que, no Diário, serão convidados a analisar como este encontro os ajudou a compreender a importância de viver os valores cristãos no relacionamento amoroso, como dom de Deus e algo sagrado, enxergando no outro uma pessoa, e não apenas um objeto de satisfação pessoal. Pedir para que escrevam e tragam o Diário no próximo encontro para partilhar.

Oração final: Convidar os catequizandos a ficarem em pé ao redor da Mesa da Palavra e motivá-los a formularem orações e preces. Depois, convidar a rezarem o Pai-nosso e concluir com a oração:

Ó Deus, ajudai-nos a viver em nossos relacionamentos os valores que o Senhor ensina. Que possamos ser fiéis, amigos, companheiros e respeitosos com as pessoas que amamos. Ainda, que nossos namoros sejam uma expressão do amor cristão numa relação de verdadeiro respeito. Por Cristo nosso Senhor. Amém.

Após a oração, o catequista impõe as mãos sobre a cabeça de cada catequizando e traça o sinal da cruz em sua fronte dizendo: *"Vai em paz, ...N..., filho amado do Pai!"*.

Material de apoio

Artigo "Aquela coisa chamada intimidade", de Carol Tavares. Pode-se usá-lo para conversar sobre intimidade.

Disponível em: <http://www.casalsemvergonha.com.br/2011/12/15/aquela-coisa-chamada-intimidade/>.

Sugere-se estar preparado para o caso de, durante o encontro, os adolescentes se sentirem à vontade para abordarem assuntos diretamente relacionados ao sexo. Para isso, pode-se ler o artigo "Como falar sobre sexo com um adolescente".

Disponível em: <https://amenteemaravilhosa.com.br/como-falar-sobre-sexo-com-um-adolescente/>.

Para realizar um contraponto com o vídeo debatido, no qual o casal não queria de fato viver o matrimônio, sugere-se apresentar também o depoimento de Ariano Suassuna sobre sua esposa. Um amor que começou na adolescência e perdurou até sua morte, aos 87 anos.

Disponível em: <https://www.youtube.com/watch?v=HRuzVlpRCN8>.

Ainda, se desejar incluir mais um vídeo para debate sobre a definição de amor, sugere-se apresentar a opinião do rabino Abraham Twerski. Ele ressalta que o verdadeiro amor não se fundamenta na satisfação pessoal, mas no ato de dar algo de si ao outro.

Disponível em: <https://www.youtube.com/watch?v=YGuAmu5rY4E>.

4º Encontro

Afetividade e empatia:
vínculos que nos unem ao mundo

Palavra inicial: O objetivo do encontro é explorar a importância da afetividade para a construção do vínculo com as pessoas e, principalmente, para o desenvolvimento da empatia.

Preparando o ambiente: Ambão com toalha da cor do tempo litúrgico, velas e Bíblia.

Se possível, providenciar sistema multimídia com som e acesso à Internet para transmitir os vídeos sugeridos no material de apoio.

Para a dinâmica: entregar uma folha de papel sulfite, uma linha de lã ou barbante, fita adesiva e caneta para cada catequizando. Preparar recurso multimídia para apresentar a música "Quase sem querer" (em áudio e letra), da banda Legião Urbana. Se possível, entregar a cada catequizando a letra impressa para facilitar a reflexão.

- Música (áudio e letra) disponível em: <https://www.vagalume.com.br/legiao-urbana/quase-sem-querer.html>.

Acolhida: O catequista recebe os catequizandos saudando-os com o dizer: *"Expresse sua afetividade, ...N..., bem-vindo"*. Na sala, saúda a todos mais uma vez, desejando-lhes boas-vindas.

Recordação da vida: Ao redor da Mesa da Partilha ou da Palavra, o catequista convida a fazer uma retrospectiva da semana explorando as questões do Diário para motivar a recordar o encontro anterior, no qual refletiram sobre o relacionamento amoroso vivido segundo os valores cristãos. Comentar que, quando o amor é vivido conforme as orientações de Deus, podemos experimentar o vínculo verdadeiro que nos une a alguém. Poderão comentar, também, os acontecimentos importantes ocorridos na vida da comunidade.

NA MESA DA PALAVRA

Oração inicial: O catequista prossegue com a oração, pedindo a Deus para que cada catequizando reconheça o valor da afetividade aos relacionamentos, expressando empatia e permitindo-se construir vínculos. Em seguida conclui invocando o Espírito Santo rezando ou cantando.

O catequista orienta um catequizando para proclamar o texto bíblico indicado.

Leitura do texto bíblico: 1 Jo 3,18-22.

Após alguns minutos de silêncio, o catequista lê o texto novamente, pausadamente, destacando alguns pontos.

> *Filhinhos, não amemos com palavras nem com a língua, mas com obras de verdade. É assim que conheceremos que somos da verdade, e diante dele tranquilizaremos o nosso coração.*

O catequista convida a todos a sentarem ao redor da Mesa da Partilha.

NA MESA DA PARTILHA

Perguntar aos catequizandos quais são os principais sentimentos que experimentamos. Deixá-los falar: raiva, amor, tristeza, alegria... Comentar que identificar os sentimentos é uma habilidade muito importante para vivermos em sociedade.

Antes de explorar essa questão, convidar a participar da dinâmica.

— DINÂMICA —

Entregar uma folha de papel sulfite, uma linha de lã ou barbante, uma caneta e fita adesiva a cada catequizando. Orientar para que prendam, com a fita adesiva, a ponta da linha de lã na extremidade da folha. Pedir para que reflitam sobre um momento no qual mais sentiram uma determinada emoção e façam um pequeno nó na linha para representar esse momento, fixando-o no papel com o auxílio da fita adesiva. Ao lado do nó, pedir para escreverem uma palavra que identifique o momento e qual a emoção que sentiram. Por exemplo: "Despedida, tristeza" ou "Torneio, alegria". Pedir para que repitam o processo até preencherem a folha, fazendo voltas com a linha e deixando espaço entre um nó e outro para facilitar sua fixação com a fita adesiva. Motive-os a lembrar de momentos nos quais mais sentiram tristeza, raiva, amor, alegria, nojo, medo, saudade...

Após produzirem vários nós, convidar os catequizandos para analisarem a folha por completo. Motivá-los a compartilhar como foi a experiência de lembrar dos momentos vividos a partir da intensidade das emoções. Comentar que a vida é sempre repleta de emoções, as quais influenciam o valor que damos aos momentos. Infelizmente, nem todas são agradáveis, mas certamente as mais intensas se tornam inesquecíveis. A folha representa a importância das emoções para que cada momento vivido adquira um significado pessoal. Pedir para que imaginem como seria os momentos marcados se nada sentissem a respeito deles. Nem medo, nem raiva, nem alegria, nem tristeza. Nada. Por que esses momentos, então, seriam importantes? Mesmo quando as emoções têm o peso do mundo e parecem nos sufocar, não podemos ignorar o valor delas para dar significado ao que vivemos.

Explicar que a capacidade de se emocionar e expressar emoções é o que chamamos de **afetividade**. Através dela somos capazes de nos comunicar em níveis muito mais sensíveis do que as palavras. Por que, muitas vezes, abraçamos para oferecer conforto? Por que choramos diante de uma perda? Por que rimos quando alegres? Por que gritamos em momentos de grande excitação ou raiva? A afetividade é uma linguagem que não se limita às palavras, e a maioria de nós aprende a interpretar e a expressar.

Comentar que essa aprendizagem emocional geralmente acontece a partir do outro, especialmente de nossos pais e educadores. Vamos supor que, quando crianças, caímos e ralamos o joelho. O que sentimos, então, nos fez chorar. Alguém veio até nós e disse: "Machucou? Oh, você está com dor! Tadinho. Vamos tratar esse dodói". E imediatamente, naquela experiência, aprendemos que o incômodo em nosso joelho se chamava dor. E que a dor provocava lágrimas. E que a dor não era algo legal de sentir, mas que podemos curá-la. Num próximo momento, ao vermos um coleguinha machucar o dedo e chorar, diremos: "Tá doendo? Tadinho, é um dodói". Reproduziremos a aprendizagem vivida, porque nos ensinaram previamente a observar os elementos que compõem o sentimento "dor" e, principalmente, porque nós mesmos a sentimos e sabemos, portanto, ser um estado sensível. A partir dessa reprodução, assim como nos ajudaram a entender nossos próprios sentimentos, estaremos igualmente ajudando alguém a entender os seus.

Aprendemos, portanto, sobre as emoções a partir das pessoas que nos cercam. Sem essas pessoas, provavelmente não saberíamos discernir nossos sentimentos e agiríamos de modo inadequado sempre que esses sentimentos estivessem envolvidos. É o que acontece com muitas crianças e adolescentes que estão em situação de vulnerabilidade, que não contam com uma família que os proteja, que são vítimas de negligência. Eles crescem sem conhecer a si mesmos e, obviamente, apresentam dificuldade em se relacionar com os outros. Isso porque somos incapazes de reconhecer no próximo as emoções que não reconhecemos sequer em nós mesmos. Como saber que estamos causando dor, ou raiva, ou tristeza em alguém se nunca nos ajudaram a ter consciência desses sentimentos?

Dizer aos catequizandos que um dos sentimentos mais especiais é o amor. Perguntar como saber quando somos amados. Fazer uma tempestade de ideias a respeito disso, ressaltando alguns exemplos: quando se interessam por nos ouvir e respeitam nossas opiniões (mesmo em discordância), quando nos apoiam em momentos de dificuldade, quando se preocupam com nossa segurança e saúde, quando dedicam tempo para estar conosco, quando nos abraçam ou acariciam... São muitas as expressões que nos permitem saber que somos amados. Igualmente, são expressões como essas que devemos dirigir a quem amamos. Assim como qualquer sentimento que muito desejamos ter na vida, o amor precisa ser cultivado.

O texto bíblico apresenta exatamente essa mensagem: "não amemos com palavras nem com a língua, mas com obras de verdade".

Comentar que expressar nossa afetividade é dom de Deus, pois através dela podemos construir relacionamentos genuínos e nos vincular às pessoas. Explicar que, sem a afetividade, não seríamos importantes uns aos outros. É a capacidade de sentir emoções que nos permite amar alguém. É também a afetividade que nos permite desenvolver uma habilidade social essencial: a **empatia**. Esta é a capacidade de colocar-se no lugar do outro para compreender, sem preconceitos, os seus pontos de vista, as suas convicções, os seus sentimentos e as suas atitudes. É a empatia, também, que nos permite emocionar pelo sofrimento e pela dor de alguém, ainda que nos seja desconhecido. Quando vemos crianças vítimas da guerra ou da fome ao redor do mundo, ainda que estejam distantes da nossa realidade, conseguimos nos projetar para o lugar delas; conseguimos assumir seu sofrimento como nosso. Sem empatia, pessoas como essas crianças não nos despertariam nada.

Sem empatia, nós seríamos incapazes de amar alguém ou mesmo de ter o mínimo de compaixão e piedade. É a falta de empatia que leva criminosos a matarem ou torturarem pessoas sem misericórdia, pois não se colocam no lugar delas. Não se importam. O sofrimento do próximo está muito distante deles e de sua capacidade afetiva.

> **Lembrar aos catequizandos do conceito anteriormente apresentado:**
>
> Aprendemos a identificar as emoções a partir das pessoas que nos ajudam a defini-las. Essas pessoas, no entanto, devem ter a capacidade de sentir e expressar empatia para nos ensinarem sobre nossas emoções. Se ao nos verem chorar não se colocarem em nosso lugar e não nos ajudarem a reconhecer nossa própria tristeza ou dor, nunca aprenderemos sobre essas emoções. Cresceremos como essas pessoas: incapazes de perceber emoções, de nomeá-las, de expressá-las e, sobretudo, de valorizá-las.

Se a empatia do outro nos ajuda a aprender sobre nossos próprios sentimentos, então podemos compreender que aprendemos a amar sendo amados. Se somos amados, contaremos com pessoas atentas aos nossos sentimentos e dispostas a nos ajudarem a entendê-los e a administrá-los. Nunca é tarde para desenvolver a afetividade. E, o mais importante, nunca é tarde para ensiná-la a alguém.

Encerrar apresentando a canção "Quase sem querer", de Legião Urbana. Destacar que essa canção convida a refletir sobre como, às vezes, parecemos confusos entre o que pensamos e sentimos. Ainda, é uma canção que destaca a beleza de compartilhar com as pessoas, "quase sem querer", a capacidade de ver "o mesmo". Isto é, podemos nos ligar uns aos outros pela empatia. Temos afinidade com quem consegue, facilmente, se colocar em nosso lugar. E, através da afetividade, somos capazes de expressar nossos sentimentos de um jeito que encanta, acolhe, anima e ama o próximo.

Na canção há também um verso que se pode refletir com os catequizandos: "Me disseram que você estava chorando e foi então que eu percebi como lhe quero tanto". Ao ver o sofrimento de alguém, quando empáticos e afetivos, percebemos sua importância e sua presença no mundo. Isso não acontece apenas com pessoas próximas, como familiares e amigos. Ocorre, também, quando algo em específico nos chama atenção e nos convida à compaixão por quem nem conhecemos pessoalmente. Por exemplo: quando um morador de rua morre de frio no inverno, imediatamente percebemos o sofrimento compartilhado de todos que padecem sem um lugar que os proteja; quando um animal morre vítima de maus-tratos, imediatamente percebemos o sofrimento de inúmeros animais nas ruas ou sob a guarda de donos negligentes; quando uma família sofre por perder seus bens em uma enchente, imediatamente percebemos o sofrimento de outras tantas em iguais condições precárias. A empatia e a afetividade mantêm nossos olhos e corações abertos para o próximo. Elas nos vinculam ao mundo.

Conclusão: Pedir para que os catequizandos façam as atividades propostas no Diário. Explicar que as atividades procuram ajudá-los a analisar como este encontro colaborou para reconhecerem o papel fundamental da afetividade e da empatia nos vínculos que estabelecemos com as pessoas, especialmente no que se refere à expressão dos sentimentos. Pedir para que escrevam e tragam o Diário no próximo encontro para partilhar.

Oração final: Convidar os catequizandos a ficarem em pé ao redor da mesa da Palavra para a oração:

> *Ó Deus, abençoai nossos corações para que sempre possamos expressar afetividade e empatia pelas pessoas. Ajudai-nos a nos compadecer do sofrimento do próximo como se fosse nosso e ajudai-nos, sobretudo, a ensinar uns aos outros quão belos são os sentimentos que nos unem. Por Cristo nosso Senhor. Amém.*

Após a oração, o catequista impõe as mãos sobre a cabeça de cada catequizando e traça o sinal da cruz em sua fronte, dizendo: *"Vai em paz, ...N..., e expressai teu amor aos outros!"*.

Material de apoio

Propõe-se apresentar o vídeo "O poder da empatia", legendado em português. Nele pode-se entender melhor como expressar empatia e, especialmente, o que a distingue da simpatia. Se possível, este vídeo promoverá um interessante debate.
Disponível em: <https://www.youtube.com/watch?v=VRXmsVF_QFY>.

Ainda, sugere-se apresentar o poema "Quero", de Carlos Drummond de Andrade, como um exemplo do quão importante é expressar aos outros o amor que sentimos. Quando este amor é silencioso e distante, por vezes duvidamos dele e nos vemos inseguros. Somos ou não somos amados? O poema celebra, de modo dramático, o pedido por um amor que não hesita em demonstrar-se; um amor que não cansa de se fazer mostrar ao outro. O poema é declamado por Paulo Autran em: <https://www.youtube.com/watch?v=2GMoB1ukqCk>.

Como apoio ao catequista, sugere-se assistir ao vídeo "Se colocando no lugar do outro", que melhor conceitua cientificamente a empatia – inclusive a diferencia da Teoria da Mente, explicando por que psicopatas são capazes de reconhecer emoções, mas não de se sensibilizar por elas. Disponível em: <https://www.youtube.com/watch?v=aPs6q5vqnFs>.

5º Encontro — Onde reside a felicidade

Palavra inicial: O objetivo do encontro é levar o catequizando a compreender que a verdadeira felicidade para o cristão não depende de bens materiais ou condições específicas, mas é um estado de espírito que envolve a doação pessoal ao próximo como expressão do amor a Deus.

Preparando o ambiente: Ambão com toalha da cor do tempo litúrgico, velas e Bíblia.

Providenciar recurso multimídia para apresentar o vídeo "Um par de sapatos velhos".

- Vídeo disponível em: <https://www.youtube.com/watch?v=WaFrGxmHV0A>.

Para a dinâmica: preparar resumos de atividades voluntárias, desenvolvidas a partir de projetos sociais, para entregar um resumo a cada grupo de catequizandos. No material de apoio são sugeridos alguns projetos de voluntariado, mas seria interessante também valorizar aqueles desenvolvidos na cidade ou pela paróquia/comunidade dos catequizandos. Providenciar sistema multimídia com som e acesso à Internet para transmitir comerciais do que a sociedade vende como felicidade (conferir vídeos sugeridos no material de apoio).

Acolhida: O catequista acolhe os catequizandos saudando-os com o dizer: *"Maior felicidade é dar do que receber, ...N..., bem-vindo!"*. Na sala, saúda a todos mais uma vez, desejando-lhes boas-vindas.

Recordação da vida: Ao redor da Mesa da Palavra ou da Partilha o catequista motiva a recordar o encontro anterior, no qual abordou-se a importância da afetividade e da empatia nos relacionamentos, especialmente no que se refere à capacidade de amar. Comentar que expressar nossos sentimentos de modo adequado favorece sua melhor compreensão por parte dos outros e fortalece os vínculos com eles construídos.

NA MESA DA PALAVRA

Oração inicial: O catequista incentiva a oração, pedindo a Deus para que todos possamos nos sentir aptos a construir nossa felicidade a partir da prática dos ensinamentos cristãos. Em seguida conclui invocando o Espírito Santo rezando ou cantando.

O catequista orienta um catequizando para proclamar o texto bíblico indicado para o encontro

Leitura do texto bíblico: At 20,32-35.

Após um período de silêncio, o catequista lê o texto novamente, pausadamente, destacando alguns pontos.

> *Em tudo vos dei exemplo, mostrando-vos que é preciso socorrer os necessitados trabalhando assim e recordando as palavras do Senhor Jesus, que disse: Maior felicidade é dar do que receber.*

O catequista convida a todos a sentarem ao redor da Mesa da Partilha.

NA MESA DA PARTILHA

Pedir para os catequizandos fazerem uma leitura silenciosa da passagem proclamada, depois motivá-los a partilharem o que compreenderam do texto. Em seguida, convidar os catequizandos para refletirem sobre o que nos traz felicidade. Pedir exemplos e orientar a reflexão para o que se pode notar que a sociedade vende como felicidade. Neste momento, apresentar alguns comerciais disponíveis na Internet, previamente selecionados para o encontro (conferir sugestões no material de apoio). É importante que cada comercial gere debate sobre quais valores estão sendo associados aos produtos vendidos. Ainda, é importante questionar se cada produto apresentado realmente é essencial para sermos felizes.

A partir desse debate inicial, abordar o texto bíblico de At 20,32-35. Comentar sobre nele aprendermos que a verdadeira felicidade, para o cristão, envolve a doação pessoal ao próximo. Isso porque a compreensão de que somos irmãos, iguais na Criação, nos faz corresponsáveis pela felicidade alheia. Essa corresponsabilidade mantém vivo o sentimento de humanidade, que sensibiliza e vincula as pessoas umas às outras. Faz-nos perceber que a felicidade é um bem construído coletivamente e que sempre podemos atuar como agentes promotores da felicidade aos outros, superando o egoísmo que leva a preocupar-se apenas consigo mesmo.

Explicar que, quando nos colocamos nessa posição de coletividade, fazemos uma experiência de felicidade que nutre a fé e o sentido dado à vida. Percebemos a importância do nosso papel e da nossa presença na vida das pessoas. Percebemos, sobretudo, o que somos capazes de fazer quando dedicamos nossos dons em favor do próximo. Assim, colaborar para a felicidade do próximo faz-nos igualmente felizes.

Perguntar aos catequizandos: "O que leva alguém a se sentir infeliz?". Motivá-los a relacionar quais experiências provocam sentimentos contrários à felicidade, como solidão, tristeza, desânimo, ansiedade, medo e depressão. Analisar junto deles se tudo o que a sociedade vende como felicidade preenche as necessidades de uma pessoa nessas condições. Isto é, quando estamos deprimidos, ter um carro de valor milionário é suficiente? Quando estamos com medo, beber um determinado refrigerante nos faz sentir subitamente corajosos? Quando estamos ansiosos, usar uma pasta dental específica nos faz sentir mais seguros?

Comentar que a felicidade, para o cristão, se constrói na experiência de ajudar, acolher, proteger ou confortar alguém. Ao fazer isso, ajudamos a nós mesmos, pois renovamos a esperança e voltamos nosso olhar para além dos nossos próprios problemas. Percebemos que, às vezes, podemos nos sentir incapazes de fazer algo para mudar nossa própria realidade, mas isso nada tem a ver com o nosso valor ao mundo. Descobrindo quão valiosos somos aos outros, igualmente descobriremos nosso valor para nós mesmos.

Apresentar o vídeo "Um par de sapatos velhos", no qual dois irmãos praticam um ato de bondade e descobrem, juntos, o sentimento agradável que isso lhes traz. A felicidade que possibilitaram a um desconhecido mudou-os positivamente. Promover um breve momento de diálogo sobre o vídeo, indagando como se sentiriam se estivessem no lugar desses irmãos. Perguntar se acreditam que colaborar para a felicidade do próximo realmente pode lhes fazer mais felizes, como disse Jesus: "Maior felicidade é dar do que receber" (At 20,35).

Motivar os catequizandos a avaliarem que, quando pensamos somente em nós mesmos, corremos o risco de invalidar a felicidade do próximo. Não usamos nossos dons e nossas possibilidades para favorecer ninguém além de algumas pessoas específicas. Isso explica por que muitos políticos e outras pessoas em posição de grande vantagem muitas vezes não demonstram interesse genuíno em ajudar alguém. Preocupados em usufruir de seus privilégios, não percebem que prejudicam pessoas para seu próprio benefício (e, se percebem, a infelicidade alheia não lhes causa culpa, vergonha ou remorso suficiente para um processo de mudança pessoal). No conceito cristão de felicidade, não compreendemos que pessoas como essas sejam realmente felizes. Compreendemos que estão apenas colocando a si mesmas como prioridade, o que as leva a nunca estarem satisfeitas, independentemente do patrimônio, do poder ou da fama acumulados. Tal insatisfação pessoal acaba por motivá-las ainda mais a acumular bens materiais ou qualquer outra fonte de prazer imediato, algo que lhes ofereça algum sentido à sua existência no mundo.

O sentido da nossa existência, contudo, reside no amor ao próximo e a Deus. Somente por meio deste caminho seremos capazes de dar continuidade à missão que nos foi confiada por Jesus Cristo, de construir o Reino a partir das nossas atitudes e escolhas. Comentar, portanto, que não devemos esperar a iniciativa de pessoas com grande influência ou poder para promover mudanças que beneficiem a sociedade. Isso porque, quando desconhecem a verdadeira felicidade, essas pessoas podem estar aprisionadas num estilo de vida que as faz crer serem autossuficientes. Como cristãos, nós confiamos que qualquer pequeno gesto em favor do próximo pode surtir grandes efeitos. A bondade, a solidariedade e a caridade dedicados ao próximo podem mudar vidas, pois renovam o ânimo e a fé em dias melhores. Cada um de nós é um mundo inteiro. Nesse sentido, sim, podemos mudar não apenas um, mas muitos mundos à nossa volta.

DINÂMICA

Dividir os catequizandos em grupos de, no mínimo, três pessoas. Para cada grupo entregar o resumo de uma atividade social voluntária, desenvolvida a partir de projetos sociais, comprometida com a felicidade do próximo. Orientar para que leiam o resumo que receberem e conversem sobre os seguintes aspectos:

- Quem pode participar desse projeto?
- Qual é o objetivo desses voluntários?
- Há quanto tempo esse projeto voluntário existe e como funciona?
- Quais são os lugares nos quais esses voluntários atuam e quais são as pessoas para as quais suas atividades se dirigem?
- Quais resultados vêm conquistando junto às pessoas?
- Quais são os requisitos para participar desse projeto?

Pedir aos catequizandos para registrarem essas informações e prepararem-se para apresentá-las. Então, depois de dez minutos, organizar os grupos para que apresentem, uns aos outros, estes projetos sociais. A cada apresentação, tecer comentários e considerações ressaltando como há belas iniciativas com objetivos especificamente voltados para o bem do próximo. Perguntar se os catequizandos participariam de cada projeto e complementar as informações sempre que possível.

Convém avaliar antecipadamente se há projetos, por exemplo, que funcionam na sua cidade e aceitam a participação de adolescentes. É igualmente interessante avaliar se, no desenvolvimento do projeto, há suporte e treinamento aos voluntários para ajudá-los a superar dificuldades e se sentirem mais seguros no desempenho de suas atividades. Isto porque muitos adolescentes podem se sentir intimidados ou tímidos pelos contextos nos quais esses projetos convidam a atuar – como hospitais, escolas, casas de repouso... – e saber, de antemão, que poderão contar com a devida instrução e orientação pode servir de incentivo para se comprometerem socialmente. É importante, também, destacar os projetos sociais desenvolvidos na paróquia ou na comunidade local, de modo a facilitar o acesso e adesão dos catequizandos a estas ações. Recordar que a Igreja Católica é a maior organização caritativa do mundo.

Conclusão: Pedir para que os catequizandos façam as atividades propostas no Diário. Explique que, no Diário, serão convidados a analisar como este encontro colaborou para compreenderem o valor da felicidade do próximo para o cristão e, especialmente, o modo como podemos construir nossa própria felicidade mobilizados por um sentimento de coletividade. Pedir para que escrevam e tragam o Diário no próximo encontro para partilhar.

Oração final: Convidar os catequizandos a ficarem em pé ao redor da Mesa da Palavra para fazerem preces e louvores, rezando de modo especial por todos os que se dedicam a promover a felicidade e o bem ao próximo. Rezar o Pai-nosso e concluir com a oração:

> *Ó Deus, oferecei-nos oportunidades para colaborar à felicidade do próximo e, assim, vivermos uma verdadeira experiência de fé, esperança e renovação. Fazei com que nos sintamos sempre próximos uns dos outros e nunca alheios a quem precisa. Fazei, sobretudo, com que nossos corações estejam prontos para se alegrarem com a felicidade que ajudamos uns aos outros a alcançarem. Por Cristo nosso Senhor. Amém.*

Após a oração, o catequista impõe as mãos sobre a cabeça de cada catequizando e traça o sinal da cruz em sua fronte, dizendo: *"Vai em paz, ...N...!"*.

Material de apoio

Comerciais sugeridos para o momento de reflexão com os catequizandos:

- Dove Man Care apresenta o shampoo masculino como produto essencial para uma imagem viril: <https://www.youtube.com/watch?v=3XmBUYC8tfs>.
- Doriana apresenta a margarina como produto essencial para o dia começar feliz: <https://www.youtube.com/watch?v=7__qc_HsTBc>.
- Nescau apresenta o produto como essencial para as crianças brincarem fora de casa: <https://www.youtube.com/watch?v=4YUqJQOA6-w>.
- Coca-Cola apresenta o produto como essencial a todos os bons momentos: <https://www.youtube.com/watch?v=1LF2szFvWyg>.
- AXE apresenta o produto como um atalho para o sucesso, na ausência da beleza: <https://www.youtube.com/watch?v=yBmx3tiSUGI>.
- Samsung apresenta o produto como um meio para fazer o que não podemos, superando nossa própria natureza: <https://www.youtube.com/watch?v=WN8fFIBjwUA>.
- Apple apresenta o produto como essencial para o sucesso profissional: <https://www.youtube.com/watch?v=hcMSrKi8hZA>.

Projetos sociais sugeridos para elaborar um resumo a ser entregue aos grupos de catequizandos:

- Instituto História Viva: <http://historiaviva.org.br/site/>.
- Pequeno Cotolengo Paranaense: <http://www.pequenocotolengo.org.br>.
- Doutores da Alegria: <https://www.doutoresdaalegria.org.br>.
- Nações Unidas no Brasil: <https://nacoesunidas.org/vagas/voluntariado/>.
- Programa Família Acolhedora: <http://www.padrinhonota10.com.br/default.asp?Pag=17>.
- Apadrinhamento Afetivo de Crianças: <http://www.padrinhonota10.com.br/default.asp?Pag=6>.
- Entrega por São Paulo: <https://www.entregaporsp.com.br>.
- Pimp My Carroça: <http://pimpmycarroca.com>.
- Teto Techo: <http://www.techo.org/paises/brasil/>.
- GRAAC: <https://www.graacc.org.br/como-ajudar/voluntarios.aspx>.
- Viva e Deixe Viver: <http://www.vivaedeixeviver.org.br>.
- Clube dos Vira-latas: <http://www.clubedosviralatas.org.br/como-ajudar>.
- Cãominhada: <https://caominhadaccz.com>.
- Patas Therapeutas: <http://patastherapeutas.org/o-perfil-do-voluntario/>.
- Cidadão Pró-Mundo: <http://patastherapeutas.org/o-perfil-do-voluntario/>.
- Velho Amigo: <http://www.velhoamigo.org.br/como-contribuir>.
- Flor Gentil: <http://www.florgentil.com.br/doe.html>.
- Hemobanco: <http://hemobanco.com.br/site/>.

Ainda, se desejar recomendar aos catequizandos, pode-se mencionar as páginas

Ação Voluntária: <http://www.acaovoluntaria.org.br/index.php> ou

Atados: <https://www.atados.com.br>.

Nelas reúnem-se muitas oportunidades de voluntariado on-line ou presencial em diferentes locais do Brasil.

Propõe-se a leitura do livro "Atitudes que transformam: como vivemos, como poderíamos viver", de Anselm Grün (Petrópolis: Editora Vozes, 2017).

Nele o autor apresenta atitudes que, ao serem praticadas, nos fazem bem. A partir delas, orienta o leitor a refletir sobre formas diferentes de viver.

Direito à vida

Palavra inicial: O objetivo do encontro é auxiliar o catequizando a valorizar o direito à vida em quaisquer circunstâncias, entendendo-o como um dom de Deus mesmo em contextos de dificuldade.

Preparando o ambiente: Ambão com toalha da cor do tempo litúrgico, velas e Bíblia. Para os vídeos-debates: providenciar sistema multimídia com som e acesso à Internet para transmitir os vídeos sugeridos.

▸ Vídeo "O amor vem do lugar mais improvável", excerto do documentário HUMAN, de Yann Arthus-Bertrand. Disponível em: <https://www.youtube.com/watch?v=2Liy_1kYaZ0>.

▸ Vídeo "Sobrevivente de um aborto", depoimento de Gianna Jessen que "nasceu" numa clínica de aborto depois que o procedimento médico não a matou. Disponível em: <https://www.youtube.com/watch?v=57mXtw_o8m8>.

Acolhida: O catequista recebe os catequizandos saudando-os com o dizer: *"Deus lhe deu o dom da vida, ...N..., bem-vindo!".* Na sequência, quando já estiverem na sala, saúda a todos mais uma vez desejando-lhes boas-vindas.

Recordação da vida: Ao redor da Mesa da Partilha ou da Palavra, lembrar acontecimentos que marcaram a semana. Depois motivar a recordar o encontro anterior, no qual compreendemos que a felicidade apresentada por Jesus não se limita aos bens materiais, às atividades ou ideias que a sociedade determina como essenciais, mas é construída a partir da prática dos valores cristãos e de uma experiência verdadeira de fé na ajuda ao próximo.

NA MESA DA PALAVRA

Oração inicial: O catequista motiva a oração, pedindo a Deus para que cada catequizando renove seu compromisso cristão de proteger a vida em todas as situações. Em seguida conclui invocando o Espírito Santo rezando ou cantando.

O catequista convida um catequizando para se dirigir ao ambão e proclamar o Salmo indicado.

Leitura do texto bíblico: Sl 139(138),11-18.

Depois de um período de silêncio, o catequista lê o Salmo novamente, desta vez pausadamente, destacando alguns pontos do texto.

> *Se eu disser: "As trevas, ao menos, vão me envolver e a luz, à minha volta, se fará noite", nem sequer as trevas são bastante escuras para ti, e a noite é tão clara como o dia, tanto faz a luz como as trevas. Pois tu plasmaste meus rins, tu me teceste no seio de minha mãe. Graças te dou pela maneira espantosa como fui feito tão maravilhosamente. Maravilhosas são tuas obras; sim, eu bem o reconheço. Meus ossos não te eram encobertos, quanto fui formado ocultamente e tecido nas profundezas da terra. Teus olhos viram meu embrião, e em teu livro foram registrados todos os dias prefixados, antes que um só deles existisse...*

O catequista convida a todos a sentarem ao redor da Mesa da Partilha.

45

NA MESA DA PARTILHA

Pedir aos catequizados para lerem o texto bíblico de Sl 139(138),11-18 e refletirem sobre como a vida é uma valiosa criação de Deus. Conversar sobre os momentos em que o valor da vida é ignorado ou ferido pelas pessoas. Abordar situações como:

- Desigualdade social – que produz condições de vulnerabilidade e leva as pessoas a atribuírem maior ou menor importância aos outros. Como é expressado o valor da vida dos marginalizados? Quantas pessoas em situação de rua são constantemente invisíveis a quem por elas passa?
- Violência – que depende de uma desigual relação de poder entre as pessoas, pois o agressor impõe seu domínio e/ou obtém algum benefício a partir da subjugação da vítima. Como se pode avaliar o valor da vida em relações de violência? A vida do agressor é mais ou menos valiosa que a de sua vítima?
- Diferenças culturais – que produzem preconceitos quando as pessoas se recusam a aceitar coexistir com quem pensa, age ou sente de modo distinto de suas referências. O valor da vida de um judeu é igual ao de um ateu? A vida de um torcedor de um time rival é menos valiosa?

Orientar a reflexão para a fragilidade de atribuirmos valor à vida das pessoas segundo nossas próprias crenças. Se deixarmos que cada pessoa avalie "quem vale mais" e "quem vale menos", correremos o risco de escolher apenas aqueles com quem nos sentimos confortáveis. Correremos o risco de não apenas eleger quem "merece ser valorizado", mas principalmente "quem devia ser aniquilado" ou "quem devia ser ignorado". Indagar: quem somos nós para decidir o valor da vida de uma pessoa julgando seus atos? O pecado, diferente do que muitos pensam, não pode ser medido de acordo com sua gravidade ou sua dimensão. Nossas unidades de medida são construídas e moldadas a partir da nossa aprendizagem cultural, familiar e pessoal. Então, qual seria a unidade de medida mais confiável?

DINÂMICA

Apresentar o vídeo "O amor vem do lugar mais improvável", excerto do documentário HUMAN, de Yann Arthus-Bertrand. Mencionar que o documentário em questão reúne depoimentos reais sobre o que nos torna humanos. O vídeo revela a história de um criminoso condenado à prisão perpétua por assassinar uma mulher e seu filho. Em seu relato, percebe-se não apenas o que o levou a agir tão friamente, mas também a importância de uma pessoa para ajudá-lo a romper seu "ciclo de ódio": Agnes, a mãe e avó das vítimas. Foi pela compaixão de Agnes que esse detento pôde perceber e verdadeiramente se arrepender do que fez. Ao vê-lo despido de sua maldade, sobra aos olhos dos espectadores o ser humano por trás do crime. Podemos, enfim, perceber a vida como bem precioso que recebemos de Deus em todos os sentidos. Nem sempre as máscaras cairão para que possamos ver a beleza sob a sujeira, mas nós, cristãos, sempre acreditaremos em sua existência.

Por isso, ao pensar na unidade de medida mais justa para o valor da vida, a principal referência dos cristãos reside nos ensinamentos de Jesus. Ele, como Filho de Deus, é o único isento de qualquer pecado e capaz de orientar para as decisões mais sábias, mais compassivas e mais alheias a razões egoístas. Jesus nasceu e viveu como ser humano, sentindo com intimidade as nossas dificuldades e os nossos impulsos mais mesquinhos. No entanto Ele não cedeu e não se perdeu nos caminhos da humanidade, mas a conduziu até Deus Pai. Jesus sabia reconhecer as fragilidades das pessoas e como ajudá-las a se transformarem, por isso dava-lhes novas oportunidades, fundamentando-se na misericórdia de Deus.

E a unidade de medida de Deus, revelada por meio de Jesus, é única e imutável: a vida é valiosa e sagrada, deve ser sempre protegida, amada e preservada. Como cristãos, devemos evitar que uma opinião ou escolha pessoal venha a ferir a dignidade da vida.

Conduzir a reflexão para outra escolha que fere a dignidade da vida desde o seu princípio: o aborto. Relembrar que o texto bíblico deste encontro afirma que Deus nos conhece desde que éramos tecidos no ventre materno. Para Ele, nossa existência é – desde o primeiro instante – preciosa. Escolher findá-la, independentemente do motivo, é uma grave violação do direito à vida que nos é ofertado como um presente de Deus.

Para fomentar a reflexão, pensando no direito da criança à vida em qualquer circunstância, o catequista poderá apresentar o vídeo "Sobrevivente de um aborto". Trata-se do depoimento de Gianna Jessen, que "nasceu" numa clínica de aborto depois que o procedimento médico não a matou.

Neste depoimento pode-se notar quão valiosa é a vida, e quão profundamente não sabemos o que aguarda cada criança que chega ao mundo. Não sabemos quais são os planos de Deus, e, sobretudo, quais são os mistérios que Ele reserva a cada um de nós. O valor da vida deve ser sempre muito maior do que as dificuldades de gestá-la e cuidá-la; deve ser inquestionável e inviolável.

> **Lembrar aos catequizandos que, para a Igreja:**
>
> "A vida humana começa com a união do óvulo com o espermatozoide. (...) o embrião é já um ser totalmente humano e, como tal, com a dignidade que é própria de cada pessoa" (DOCAT, n. 71). Compreendendo esse princípio cristão, pode-se finalizar com a reflexão sobre a gravidez resultante de um estupro. Para a Igreja, "por um lado, temos um terrível crime violento contra a mulher, que deve ser seguido judicialmente e considerado moralmente repreensível" (DOCAT, n. 75). A essa mulher, vítima de estupro, deve ser dado todo o apoio especializado possível, inclusive por parte dos agentes pastorais. Por outro lado, a vida que surgiu desta situação "é um filho querido e amado por Deus" a quem Ele tem um plano, "independentemente daquele que o gerou" (DOCAT, n. 75).

Conclusão: Pedir para que os catequizandos façam as atividades propostas no Diário. Explicar que, no Diário, serão convidados a analisar como este encontro ajudou-os a refletir sobre o valor da vida em todas as situações, sendo missão de todo cristão protegê-la desde o seu momento mais originário. Pedir para que escrevam e tragam o Diário no próximo encontro para partilhar.

Oração final: Ao redor da Mesa da Palavra, motivar os catequizandos a formular orações e preces pedindo a Deus que todos tenham direito à vida e a tenham com dignidade. O catequista convida a todos a rezarem o Pai-nosso e conclui com a oração:

> *Ó Deus, permita-nos ver quão valiosa é a vida dos teus filhos em todos os momentos. Mantenha nosso coração aberto para entender o que leva as pessoas a agirem como agem para que nunca, em momento algum, julguemos a vida de outrem como menos valiosa. E, sobretudo, ajudai-nos a proteger os indefesos e preservar seu direito à vida. Por Cristo nosso Senhor. Amém.*

No final da oração, o catequista impõe as mãos sobre a cabeça de cada catequizando e traça o sinal da cruz em sua fronte dizendo: *"Vai em paz, ...N...!"*.

Material de apoio

Sugere-se a leitura dos números 77 a 81, do DOCAT – Como agir? (Doutrina Social da Igreja), para o caso de outros questionamentos surgirem a respeito do fim arbitrário da vida: suicídio, suicídio assistido e eutanásia. Cada uma destas escolhas envolve um contexto no qual se busca "interromper o sofrimento".

Caso questões sobre o processo de adoção sejam levantadas, pode-se apresentar os dados do artigo "Realidade brasileira sobre adoção", publicados na revista de audiências públicas do Senado Federal (disponível em: <https://www.senado.gov.br/noticias/Jornal/emdiscussao/adocao/realidade-brasileira-sobre-adocao.aspx>). Muitos compreendem que crianças dadas em adoção acabam por não encontrar facilmente uma família, mantendo-se em abrigos e casas-lares durante anos de sofrimento. No entanto os dados deste artigo ressaltam que a dificuldade da adoção reside principalmente no caso de crianças acima de quatro anos de idade. Antes dessa faixa etária, inúmeras famílias aguardam a oportunidade da adoção.

Sugere-se a leitura do "Manual de Bioética para os jovens". Uma versão especial foi distribuída gratuitamente durante a Jornada Mundial da Juventude, no ano de 2013, no Rio de Janeiro. Produção da Fundação Jérôme Lejeune, em parceria com a Comissão Nacional da Pastoral Familiar. Trata-se de uma apresentação objetiva e didática das grandes questões de bioética, sobretudo do aborto. Para ter mais informações, acesse: <www.cnpf.org.br>.

7º Encontro - Para que Deus me criou

Palavra inicial: Neste encontro queremos refletir com os catequizandos as razões pelas quais Deus nos criou à sua imagem e semelhança: por amor e para o amor, para o Seu louvor, honra e glória. Ainda, queremos ajudá-los a compreender a ação de Deus no cotidiano de nossas vidas, nos momentos bons e ruins.

Preparando o ambiente: Ambão com toalha da cor do tempo litúrgico, vela e flores.

Acolhida: O catequista acolhe os catequizandos saudando-os com o dizer: "*Deus nos criou por amor e para o amor, ...N..., seja bem-vindo!*". Então os conduz para dentro da sala. Quando já estiverem na sala, saúda a todos mais uma vez, desejando-lhes boas-vindas.

Recordação da vida: Ao redor da Mesa da Partilha ou da Palavra, o catequista convida-os a fazer uma retrospectiva da semana e do encontro anterior no qual refletiram sobre a valorização do direito à vida entendido como dom de Deus mesmo em contextos de dificuldades, a explorar o compromisso e os registros do Diário. Poderão destacar, ainda, os acontecimentos importantes que possam ter ocorrido na vida da comunidade.

NA MESA DA PALAVRA

Oração inicial: O catequista motiva a oração valorizando tudo o que foi expresso na recordação da vida. Convida-os a, juntos, invocarem o Espírito Santo.

O catequista orienta um catequizando para proclamar o texto bíblico indicado.

Leitura do texto bíblico: Ef 1,3-14.

Após alguns minutos de silêncio, o catequista lê o texto novamente, pausadamente, destacando alguns pontos.

> *Ele nos escolheu em Cristo antes da constituição do mundo, para sermos santos e irrepreensíveis diante dele no amor. Predestinou-nos à adoção de filhos de sua vontade, para louvor da glória de sua graça que nos concedeu gratuitamente em seu Bem-amado. [...] Nele fomos escolhidos herdeiros, predestinados segundo o projeto daquele que faz todas as coisas de acordo com a decisão de sua vontade, para sermos o louvor de sua glória...*

O catequista convida a todos a sentarem ao redor da Mesa da Partilha.

NA MESA DA PARTILHA

Convidar os catequizandos a realizarem uma leitura silenciosa do texto bíblico proclamado. Depois, perguntar qual versículo que mais lhes chamou atenção e/ou qual mais gostaram e o porquê. Após ouvir alguns catequizandos, prosseguir com a reflexão comentando:

- É muito comum ouvirmos pessoas se questionarem sobre por que elas existem, ou por que nasceram. Ou ainda adolescentes e jovens em momentos de discussão dizerem aos pais ou responsáveis que não pediram para nascer. Essas interrogações são naturais ao olharmos a grandeza do mundo e a diversidade de pessoas e situações com que constantemente nos deparamos. Mas por que Deus nos criou? O catequista poderá perguntar aos catequizandos. Depois de ouvi-los, dizer que o texto bíblico proclamado poderá ajudar nessa reflexão.
    - » O versículo 12 diz que Deus nos criou para o louvor da Sua glória. A glória de Deus é o grande propósito da Criação, não só da humanidade, mas de toda a Terra.
    - » Antes da constituição do mundo, Deus nos escolheu em Cristo para sermos santos e irrepreensíveis diante do seu amor. Predestinou-nos a sermos seus filhos adotivos (vv. 4-5), ou seja, Deus nos criou por amor e para o amor. O Catecismo da Igreja Católica (CIC, n. 293) assim explicita essa verdade: "O mundo foi criado para a 'glória de Deus'. Deus criou todas as coisas, explica S. Boaventura, [...] 'não para aumentar a [sua] glória, mas para manifestar a glória e para comunicar a sua glória'. Pois Deus não tem outra razão para criar a não ser seu amor e sua bondade".
    - » Deus tem um plano, um projeto de vida para cada um de nós. Por isso entregou seu filho único na cruz, para com a sua morte redimir todos os pecados da humanidade (vv. 7-10). E para que fôssemos marcados com o selo do Espírito Santo (v. 13).

Diante disso podemos dizer que Deus nos criou para nos amar e para que pudéssemos amar. Porém só compreendemos isso quando nos deixamos tocar por Ele, quando nos colocamos na sua presença e nos abrimos à Sua ação.

Convidar os catequizandos a se reunirem em duplas e propor que conversem sobre a afirmação: "Nascemos para o louvor e glória de Deus". Para isso propor os questionamentos:

- Como podemos glorificar a Deus? Em nosso cotidiano, em nossos gestos e ações, como podemos louvar e glorificar a Deus?
- Na nossa realidade nem tudo é bom, temos momentos de dificuldade, tentações e dores. Podemos glorificar a Deus nestes momentos também?

Após alguns minutos de conversa, motivar as duplas a partilhar as suas respostas e complementar dizendo: "Glorificamos a Deus fazendo com que se cumpra a sua vontade em nossa vida. Ele quer que confiemos Nele, e a Ele entreguemos toda a nossa vida e nos deixemos ser guiados por seu amor".

Explorar que, em meio aos acontecimentos dolorosos, podemos experimentar as bênçãos de Deus. Durante a tristeza, a decepção e o desamparo, Deus nos revela pessoas que nos apoiam e belezas que nos rodeiam para que possamos reencontrar a esperança e o ânimo. Da mesma forma, reaprendemos nossos limites e as provações tornam-se canais para amadurecermos na fé. Outros elementos da vida podem ser inseridos na reflexão de acordo com a realidade do grupo. Para isso, sugere-se perguntar: "Quais bênçãos podem ser percebidas na vida de cada um, e que servem de motivação para a honra e o louvor de Deus?". A proporção da benção não precisa ser impactante e grandiosa... é preciso reconhecê-la na saúde que temos, na casa, na escola, nos amigos, na família, no alimento e em tantas outras coisas que parecem até insignificantes, mas que carregam um grande valor para o nosso bem-estar. Neste sentido, conduzir a uma reflexão para que identifiquem até nas coisas do acaso a expressão do amor de Deus; explorar se sentem ter sorte ou são abençoados.

Explorar, ainda, que se acaba dando maior valor e importância às coisas que não temos, ao que nos falta, que muitas vezes são supérfluas e insignificantes. Criamos muitas vezes o vício da reclamação e da murmuração... Não reconhecemos ou valorizamos as inúmeras coisas boas que temos e que nos acontecem.

Comentar que, diante de toda a reflexão, é preciso compreender que fomos feitos para Deus! Isto é uma verdade essencial para toda a nossa vida. Por isso não só não nos pertencemos como devemos dirigir todos os nossos atos a Ele. Caso contrário, tudo perde o seu sentido.

Conclusão: O catequista encerra dizendo que Deus nos criou e tem um projeto de vida, de amor e de salvação para cada um de nós. De nossa parte, é preciso que meditemos sua Palavra e sigamos os seus mandamentos; que no cotidiano da vida, reflitamos e busquemos aquilo que é essencial e indispensável para o nosso ser e agir cristão e nos coloquemos em oração pedindo que se cumpra a sua vontade em nossa vida, para o louvor, honra e glória de Deus.

Oração final: O catequista convida os catequizandos a ficarem em pé ao redor da Mesa da Palavra e os incentiva a formularem orações e preces. Conclui rezando o Pai-nosso e fazendo a oração:

> *Pai de amor, que nos criaste por amor e para o amor. Fazei que se cumpra o seu plano e projeto em nossa vida para o Seu louvor, honra e glória. Por Cristo, nosso Senhor. Amém.*

Após a oração, o catequista impõe as mãos sobre a cabeça de cada catequizando e traça o sinal da cruz em sua fronte, dizendo: "...N..., glorificai a Deus com a vossa vida, vai em paz e que o Senhor te acompanhe!".

Aprofundar o tema nos parágrafos 293-294; 314; 319; 353; 358 do Catecismo da Igreja Católica.

Seja você mesmo

Palavra inicial: O objetivo do encontro é auxiliar o catequizando a observar as influências e pressões sociais sobre suas atitudes, de modo a melhor realizar suas escolhas para se manter autêntico em sua identidade cristã.

Preparando o ambiente: Ambão com toalha da cor do tempo litúrgico, velas e Bíblia. Para o debate: uma folha sulfite e uma caneta para cada catequizando.

Acolhida: O catequista acolhe os catequizandos saudando-os com o dizer: *"Somos únicos, ...N..., bem-vindo"* e conduzindo-os para a sala de encontro. Quando já estiverem na sala, saúda a todos mais uma vez desejando-lhes boas-vindas.

Recordação da vida: Ao redor da Mesa da Partilha ou da Palavra motivar a recordar o encontro anterior, no qual foi destacado o que torna cada um de nós uma criação à imagem e semelhança de Deus por amor e para amar e, também, no qual se buscou compreender a ação de Deus no cotidiano de nossas vidas.

NA MESA DA PALAVRA

Oração inicial: Convidar os catequizandos a rezar pedindo a Deus para que cada um assuma sua identidade cristã mantendo-se autêntico, apesar das influências e pressões sociais. Em seguida, concluir invocando o Espírito Santo rezando ou cantando.

O catequista convida um catequizando para se dirigir ao ambão e proclamar o texto indicado.

Leitura do texto bíblico: Lc 11,33-36.

Depois de um período de silêncio, o catequista lê o texto novamente, desta vez pausadamente, destacando alguns pontos do texto

> *Cuida, pois, que a luz que está em ti não seja escuridão.*

O catequista convida a todos a sentarem ao redor da Mesa da Partilha.

NA MESA DA PARTILHA

Pedir aos catequizandos para lerem o texto bíblico de Lc 11,33-36. Orientar para refletirem especialmente sobre o versículo 34: "O teu olho é a lâmpada do corpo. Se o teu olho for sadio, todo o corpo ficará iluminado; se for doente, também o corpo estará no escuro". Mencionar que o "olho sadio" se refere àquele que se mantém capaz de ver o que realmente importa, que não se deixa enganar pelas aparências, pelas pessoas ou pelas circunstâncias. Ter o "olho sadio" implica se manter "limpo da escuridão" que são as más influências que nos distanciam das nossas crenças e dos nossos princípios. Deixar-se levar pela "escuridão" significa ceder à pressão da cultura e das pessoas que nos afastam dos ensinamentos de Jesus. Depois de ouvi-los, orientá-los para a dinâmica.

DINÂMICA

Dividir os catequizandos em pequenos grupos de aproximadamente três pessoas. Pedir para que conversem sobre o que é ser autêntico. Oferecer algumas sugestões para que reflitam:

- O que significa "ser você mesmo"?
- Quais são as dificuldades que às vezes encontramos para fazer isso?
- Como a opinião das pessoas, principalmente dos amigos, pode influenciar nossas escolhas?
- E como a sociedade pode dificultar agir como realmente gostaríamos?
- As propagandas e a cultura podem limitar quem somos?

Após a conversa em pequenos grupos, distribuir para cada catequizando uma folha de papel sulfite e uma caneta. Pedir para que escrevam individualmente:

- Três momentos em que conseguiram ser "autênticos", ou seja, em que agiram segundo seus próprios princípios apesar da pressão do momento.
- Três momentos em que, ao contrário, não conseguiram "ser eles mesmos". Por pressão da sociedade ou de pessoas próximas, acabaram cedendo e agindo de acordo com o que esperavam deles. Não conseguiram, portanto, ser "autênticos".

Orientar para uma conversa coletiva com todo o grupo. Pedir para que, espontaneamente, compartilhem suas conclusões sobre o que é "ser autêntico" e quais dificuldades enfrentamos para sê-lo. Pedir, ainda, que compartilhem um dos momentos em que conseguiram ser autênticos. A cada vez que um relato surgir, perguntar sobre como o catequizando se sentiu na situação, como fez para "ser ele mesmo" apesar das circunstâncias e como percebeu a si mesmo depois.

Depois, pedir para que compartilhem um dos momentos em que não conseguiram ser autênticos. Ajudar o grupo a refletir sobre cada uma das influências e pressões sociais que impediram cada catequizando de agir "como eles mesmos". Aproveitar o momento para conversar sobre as dificuldades de ser autêntico quando a sociedade e as pessoas julgam e ditam como devemos agir.

Retomando o texto bíblico e o que os catequizandos disseram, conduzir a reflexão ressaltando a importância da autenticidade para o exercício do compromisso cristão. Quando cedemos às influências e pressões sociais corremos o risco de não conseguirmos nos expressar de forma coerente com os ensinamentos cristãos e, também, do que nos faz quem somos. Destacar que Jesus é a luz que Deus enviou ao mundo para iluminar a vida, nos fortalecendo para sermos livres das expectativas alheias e comprometidos com a liberdade fundamental de sermos nós mesmos.

Conclusão: Encerrar pedindo para que os catequizandos façam as atividades propostas no Diário. Explicar que, no Diário, serão convidados a analisar como este encontro colaborou para refletirem sobre a importância de serem autênticos em suas atitudes, especialmente no que se refere a agir de acordo com os ensinamentos cristãos. Pedir para que escrevam e tragam o Diário no próximo encontro para partilhar.

Oração final: Convidar os catequizandos a ficarem em pé ao redor da Mesa da Palavra e incentivá-los a formularem orações e preces. Concluir rezando o Pai-nosso e fazendo a oração:

> *Ó Deus, ajudai-nos a agir de modo autêntico sem ceder às influências e pressões sociais que nos afastam dos seus ensinamentos. Que possamos agir de acordo com nossos princípios mesmo em circunstâncias difíceis. Por Cristo nosso Senhor. Amém.*

No final da oração, o catequista impõe as mãos sobre a cabeça de cada catequizando e traça o sinal da cruz em sua fronte dizendo: *"Seja luz para o mundo, ...N..., vá em paz e que o Senhor o acompanhe!"*.

Material de apoio

Sugere-se a leitura e reflexão do poema "Quando me amei de verdade", de Kim e Alison McMillen (disponível em: <http://erimadeandrade.blogspot.com.br/2012/01/quando-me-amei-de-verdade.html>).

9º Encontro

As frustrações ensinam

Palavra inicial: A intenção com este encontro é auxiliar o catequizando a compreender que se frustrar é inevitável, porém aprender o que nos ensinam as frustrações é uma escolha que promove crescimento pessoal.

Preparando ambiente: Ambão com toalha da cor do tempo litúrgico, velas e Bíblia. Para o *talk show*, oferecer aos catequizandos papel sulfite e caneta, assim como recursos para dramatização (perucas, óculos, paletós, cachecóis, lenços...). Ainda, se possível, caracterizar o ambiente como um programa televisivo e o catequista caracterizar a si mesmo como um apresentador.

Acolhida: O catequista acolhe os catequizandos saudando-os com o dizer: *"Não desanime, ...N..., seja bem-vindo"*. Na sala, saúda a todos mais uma vez desejando-lhes boas-vindas.

Recordação da vida: O catequista convida os catequizandos a ficarem de pé ao redor da Mesa da Palavra para o momento de recordação da vida e oração inicial.

Motivar a recordar o encontro anterior sobre a importância de ser autêntico, sem deixar que as pressões sociais e influências levem a atitudes que ferem seu compromisso cristão. Poderão comentar, também, os acontecimentos importantes que possam ter ocorrido na vida da comunidade.

NA MESA DA PALAVRA

Oração inicial: Motivar a oração convidando os catequizandos a pedirem a sabedoria de Deus para que cada um compreenda quão profundamente as frustrações podem ensinar as pessoas a amadurecer, fortalecendo-se na fé e assumindo para si valores perenes. Em seguida, concluir invocando o Espírito Santo rezando ou cantando.

O catequista convida um catequizando para se dirigir ao ambão e proclamar o texto bíblico indicado.

Leitura do texto bíblico: Jó 6,1-4.

Depois de um período de silêncio, o catequista lê o texto novamente, desta vez pausadamente.

> *Então Jó tomou a palavra e disse: Ah, se pudessem pesar minha aflição e pôr na balança meu infortúnio, por certo pesariam mais que a areia do mar; por isso minhas palavras são desvairadas. Cravadas em mim estão as flechas do Todo-Poderoso, meu espírito absorve o veneno delas. Os terrores de Deus se alinham contra mim.*

O catequista convida a todos a sentarem ao redor da Mesa da Partilha.

NA MESA DA PARTILHA

Convidar os catequizandos a uma leitura silenciosa do texto, observando o sofrimento impresso em cada palavra. Orientar para que observem como o discurso de Jó atribui a Deus a culpa pelas mazelas que enfrenta, algo que fazemos quando deixamos que as adversidades enfraqueçam a fé. Apresentar, então, um resumo do livro de Jó.

Pode-se dizer, por exemplo: De tão fiel a Deus, Jó experimentou por longos anos uma vida farta e próspera. No entanto satanás indagou ao Senhor se Jó continuaria sendo fiel caso não contasse com sua proteção divina. E o Senhor autorizou satanás de impor sobre Jó provações que demonstrassem a força e fidelidade de sua fé. Então, Jó perdeu seus servos, seus animais e seus filhos. Em seguida, foi acometido por uma "úlcera maligna desde a planta dos pés até o alto da cabeça" (Jó 2,7). Apesar de perseverar por algum tempo, logo Jó cedeu e desanimou. Sentiu-se desamparado por Deus. Três amigos de Jó, que vieram visitá-lo, conversam com ele e opinam a respeito do que acontece. Atrevem-se a interpretar os fenômenos como um castigo divino a Jó, algo que pode ter acontecido porque ele pecou. Suas palavras, apesar de elogiosas a Deus, apenas julgam Jó. Em certo momento, Jó queixa-se diretamente a Deus: "Não me trates como culpado, explica-me por que me acusas. Acaso tens prazer em oprimir-me, desprezar a obra de tuas mãos, favorecer as intrigas dos malvados?" (Jó 10,2-3). Comentar que as conversas de Jó com seus amigos apresentam vários exemplos de frustrações e injustiças que aparentemente são desconsideradas por Deus. Por fim, Deus interpela Jó diretamente e apresenta quão complexas e completas são suas criaturas. O Senhor lhe diz que sua sabedoria não é alcançável pelo Homem, quem Jó seria para entender e interpretar suas provações? Jó, então, se retrata arrependido por duvidar de Deus. Em nenhum momento Jó agiu de modo desonesto, sempre se relacionando com o Senhor com retidão. Mesmo quando frustrado, procurou o Senhor em oração. Por isso, o Senhor lhe respondeu. E ante o seu arrependimento, abençoou-o de forma duplicada: "O Senhor abençoou Jó pelo fim de sua vida mais do que no princípio" (Jó 42,12a).

Explorar com os catequizandos que enfrentar desafios e frustrações é inevitável. Desde a infância encontramos inúmeras situações a serem superadas e muitas delas são carregadas de ensinamentos que nos acompanharão até o fim dos nossos dias. Aprender a andar de bicicleta, por exemplo, pode ter envolvido medo e talvez quedas que nos machucaram, mas é um saber que nunca mais esqueceremos. Aprender a ler e a escrever pode ter sido penoso, envolvendo atividades exaustivas e difíceis, mas são competências que nos abrem inúmeras oportunidades e nos permitem melhor nos relacionar com o mundo e as pessoas.

Frustrar-se, apesar de inevitável, não é agradável. Conversar com os catequizandos sobre como se sentem quando se frustram. Explorar esses sentimentos como sendo, por si mesmos, obstáculos às vezes difíceis de serem superados. A raiva, a mágoa, a insegurança, a tristeza... que acompanham e/ou são geradas por uma frustração podem dificultar o processo de aceitação e de enfrentamento dela. Por isso é importante entender a frustração como algo que precisamos aprender a superar, para evitar que ofusque o nosso olhar e o nosso coração ao crescimento pessoal que podemos experimentar.

Comentar que a frustração geralmente acontece quando temos nossas expectativas não cumpridas seja por algo ou alguém, o que nos causa sofrimento. Pedir para que deem exemplos a respeito de frustrações que já enfrentaram e conversar sobre alguns deles. Pode-se explorar as causas de algumas frustrações: não se preparar, não ouvir o que alguém mais experiente diz sobre o que pretende realizar, fechar-se no seu mundo particular sem prestar atenção às coisas ao seu redor, agir impulsivamente...

Ainda, pode-se explorar o fato de que há pessoas que vivem frustradas por não analisarem com sabedoria o que acontece ao seu redor, a realidade onde estão inseridas. Estas parecem andar na contramão do mundo, ou seja, sempre contrariando tudo e todos. Sentem-se as donas da razão e são autoritárias no falar; por terem acesso a algumas informações, acreditam que podem impor sua opinião sobre os demais, porém não percebem que, às vezes, possuem uma visão linear do mundo, das pessoas e dos fatos. Nas conversas ou brincadeiras têm sempre uma liçãozinha, uma correção a fazer sobre a fala ou o agir dos outros. Destacar que essas pessoas se frustram porque não atingem seus objetivos de serem valorizadas, queridas, amadas, de garantir que algo que lhes é preciso seja considerado assim pelos outros... Isto porque os outros vão se afastando delas, apesar de reconhecerem suas qualidades. Esse afastamento pode ocorrer, aliás, porque conviver e mostrar suas fragilidades a quem sempre tem algo a corrigir pode fazer-nos sentir pouco à vontade. Há que se observar, se conhecer e estabelecer um equilíbrio para diminuir as frustrações ou evitar que ocorram por atitudes como essas, às vezes tão simples de serem superadas.

Orientar este momento para que entendam que as frustrações podem mudar as pessoas, favorecendo que percebam valores perenes (aqueles que são verdadeiramente importantes e que Jesus nos ensina a viver, pois são os únicos que permanecem mesmo quando todo o resto se vai). Pode-se perguntar, neste momento, como as pessoas agem quando não sabem lidar com as frustrações. Explorar causas e consequências de quem não sabe administrar as frustrações. Motivar a refletirem sobre as atitudes egoístas, impulsivas e agressivas de quem não aceita um "não" ou simplesmente se recusa a reconhecer o que suas escolhas implicam para os outros envolvidos. São as frustrações que nos forçam a parar para pensar por que as coisas não dão certo, elas é que nos fazem perceber os limites das nossas escolhas. E reconhecer os limites é extremamente importante para respeitarmos o próximo.

Convidá-los, então, para a atividade em grupo.

TALK SHOW

Dividir os catequizandos em até sete grupos. Entregar a cada grupo papel sulfite e caneta, então pedir para que construam uma situação frustrante e reflitam sobre quais aprendizagens ela traria. Para isso, cada grupo receberá uma instrução específica sobre qual situação frustrante desenvolverá:

- Grupo 1: A frustração que gera um super-herói.
- Grupo 2: A frustração de não passar em uma prova.
- Grupo 3: Uma frustração amorosa.
- Grupo 4: Uma frustração entre amigos.
- Grupo 5: Uma frustração profissional.
- Grupo 6: A frustração de uma doença.
- Grupo 7: Uma frustração na família.

Dizer que cada grupo deverá escolher um representante. Este escolhido deverá interpretar a pessoa que sofreu essa frustração em um *talk show*. Explicar que o *talk show* é um programa televisivo onde um grupo de pessoas se reúne para conversar sobre determinado tema. Neste caso, o catequista será o entrevistador/mediador e os representantes de cada grupo serão os participantes do programa. O restante será a plateia.

Oferecer recursos para a dramatização desses representantes: perucas, óculos, paletós, cachecóis, lenços... Se possível, organizar uma ambientação diferenciada para o *talk show* e igualmente o catequista poderá se caracterizar para atuar como o apresentador do programa.

No momento do *talk show*, pedir a cada representante para se apresentar e perguntar qual foi a situação frustrante que enfrentou. Mediar a conversa sobre suas aprendizagens e dramatizar o momento favorecendo a participação da plateia com aplausos e ovações. É importante que a atividade seja divertida, porém repleta de bons ensinamentos. Se desejar, pode convidar a plateia a fazer perguntas aos participantes do *talk show*.

Retomar a reflexão sobre as frustrações comentando que, algumas vezes, elas são causadas por nossa falta de fé nos caminhos do Senhor. Quando confiamos mais em nós mesmos do que nos planos de Deus para as nossas vidas, corremos o risco de nos afastarmos Dele e da paz que Ele nos traz, tornando-nos inquietos e ansiosos. Na companhia de Deus, apesar das frustrações, podemos nos sentir amparados e seguros de que nossas vidas estão guardadas por suas promessas. Pode-se citar a passagem de Filipenses (4,6-7): "Não vos inquieteis por coisa alguma. Em todas as circunstâncias apresentai a Deus as vossas necessidades em oração e súplica, acompanhadas de ação de graças. E a paz de Deus, que excede toda inteligência, haverá de guardar vossos corações e pensamentos em Cristo Jesus".

Concluir dizendo que as nossas expectativas podem se frustrar por diferentes razões além da falta de fé nos planos do Senhor, tais como não ser o momento certo para algo acontecer ou não estar preparado para o que se deseja fazer. Aprender a lidar com os "nãos" e a aceitar que nem sempre as coisas serão como desejamos é algo que nos permitirá amadurecer, de modo a não nos tornarmos pessoas amargas diante das dificuldades da vida. Ver beleza nas circunstâncias é um dom adquirido quando assumimos nossa fragilidade e, às vezes, nossa impotência. Esse é o sentido último de ser humilde, porém forte para não ceder às dificuldades.

Conclusão: Encerrar pedindo para que os catequizandos façam as atividades propostas no Diário Espiritual. Explique que, no Diário, serão convidados a analisar como este encontro ajudou a entender que cada frustração traz um importante ensinamento para o crescimento pessoal, algo que nos permite também amadurecer nossa fé e confiança em Deus. Pedir para que escrevam e tragam o Diário no próximo encontro para partilhar.

Oração final: Convidar os catequizandos a ficarem em pé ao redor da mesa da Palavra para a oração. Incentivá-los a formularem preces e louvores a Deus para ajudá-los a vencer e superar todas as frustações e dificuldades. Encerrar rezando o Pai-nosso e a oração:

Ó Deus, que possamos enfrentar as frustrações com o coração aberto aos ensinamentos que elas nos trazem. Que no Senhor possamos sempre nos sentir amparados, mesmo nos momentos mais difíceis. Por Cristo nosso Senhor. Amém.

No final da oração, o catequista impõe as mãos sobre a cabeça de cada catequizando e traça o sinal da cruz em sua fronte dizendo: *"Louvai a Deus em todos os acontecimentos, ...N..., vai em paz, e que o Senhor o acompanhe!"*

Sugere-se apresentar o poema "Viver não dói", cujos versos são um conjunto compilado de vários autores tornando difícil atribuir-lhe um só poeta. Se possível, oferecer o poema impresso a cada catequizando (excertos de vários autores e, por fim, o poema na versão indicada).

Disponível em: <http://autordesconhecido.com.br/?tag=viver-nao-doi>.

Sobre a autoria, pode-se conferir o artigo publicado no Diário do Nordeste: <http://diariodonordeste.verdesmares.com.br/cadernos/caderno-3/a-literatura-no-mundo-virtual-falsas-autorias-1.755112>.

Pode-se, também, refletir sobre a canção "Jesus Salvador", de Roberto Carlos, que apresenta Jesus como fonte de paz e consolo em meio aos problemas: "Hoje eu olhei o céu da minha janela, vi no meu coração a presença tão bela de Jesus sorrindo e dizendo pra mim 'Vem, deposita em minhas mãos todos os seus problemas, levante esse olhar, não chore, não tema, não perca essa fé que você tem em mim'". Disponível em <https://www.youtube.com/watch?v=v_qrTnN_FGc>.

Drogas no pote da vida

Palavra inicial: O objetivo do encontro é auxiliar o catequizando a entender que as drogas nunca são a resposta para preencher alguma necessidade, especialmente porque destroem a dignidade e os relacionamentos com as pessoas, consigo mesmo e com Deus.

Preparando o ambiente: Ambão com toalha da cor do tempo litúrgico, velas e Bíblia. Para a dinâmica, utilizar a ilustração presente no *Diário Catequético e Espiritual* e entregar uma caneta para cada catequizando. Providenciar sistema multimídia para apresentar o vídeo "Drogas. Não dá mais pra aceitar", disponível em: <https://www.youtube.com/watch?v=-MN62bSyc-M>.

Acolhida: O catequista acolhe os catequizandos saudando-os com o dizer: *"As drogas não preenchem o vazio que criam, ...N..., seja bem-vindo"*. Na sala, saúda a todos mais uma vez desejando-lhes boas-vindas.

Recordação da vida: O catequista convida os catequizandos a ficarem de pé ao redor da Mesa da Palavra para o momento de recordação da vida e oração inicial.

Motivar a recordar o encontro anterior sobre as frustrações oferecerem importantes ensinamentos para fortalecer a fé e o crescimento pessoal. Poderão comentar, também, os acontecimentos importantes que possam ter ocorrido na vida da comunidade.

NA MESA DA PALAVRA

Oração inicial: O catequista prossegue com a oração, pedindo a Deus que nos ajude a perceber que as drogas nunca serão a resposta para os problemas ou uma diversão saudável, pois alteram nosso comportamento e afetam principalmente a nossa dignidade como filhos de Deus. Em seguida conclui invocando o Espírito Santo rezando ou cantando.

O catequista convida um catequizando para se dirigir ao ambão e proclamar o texto indicado. Antes, porém, poderão cantar aclamando o Evangelho.

Leitura do texto bíblico: Mt 11,28-29.

Depois de um período de silêncio, o catequista lê o texto novamente, desta vez pausadamente, destacando alguns pontos.

> *Vinde a mim vós todos, que estais cansados e sobrecarregados, e eu vos darei descanso. Tomai sobre vós o meu jugo e aprendei de mim, que sou manso e humilde de coração, e achareis descanso para vossas almas. Pois meu jugo é suave e meu peso é leve.*

O catequista convida a todos a sentarem ao redor da Mesa da Partilha.

NA MESA DA PARTILHA

Realizar com os catequizandos uma leitura pausada do texto, permitindo que cada palavra ecoe nos seus pensamentos. Pedir que fechem os olhos e ler outra vez, deixando um breve momento de silêncio entre um versículo e outro.

Convidá-los a refletir sobre como muitas vezes nos sentimos cansados de nossos problemas ou simplesmente nos percebemos insatisfeitos com o que já conhecemos. Parece existir, nesses momentos, um desejo de ir além. Queremos ser livres do que nos prende, mesmo que seja de algo não necessariamente ruim, mas tedioso. Conversar sobre como parecemos sempre em busca de experiências diferentes e melhores, como se nunca alcançássemos um estado de felicidade plena. Com uma frequência cada vez maior mudamos o que consumimos, desde objetos a ideologias, como se experimentar o máximo possível de opções fosse a chave para preencher algum vazio. Com apenas uma nova escolha, evitamos qualquer mínimo desconforto ao fugir de sentimentos e pensamentos negativos. Por que ficar triste por algo que aconteceu quando podemos simplesmente ir a uma festa? Por que se lamentar por algo que fez de errado quando podemos só ignorar isso e seguir em frente? Não se deve "chorar sobre o leite derramado", certo?

Esclarecer que o problema é quando as pessoas se acostumam a não enfrentar sentimentos e situações desagradáveis. E isso pode estar relacionado à dificuldade que temos de lidar com as frustrações, como vimos no encontro anterior. Sabemos que a vida é cheia de desafios, então escolher evitá-los também implica viver de um jeito superficial. Deixamos de lado os ensinamentos que esses desafios poderiam nos trazer em troca de qualquer experiência que nos dê algum prazer. Dizer, então, que esse pode ser o contexto que leva alguém a consumir drogas. Neste momento, orientar para a dinâmica.

DINÂMICA

Solicitar que cada catequizando, em seu Diário, observe a ilustração do pote de vidro se enchendo de água. Pedir que, individualmente, pensem no pote como sendo sua vida. A água que o está enchendo são os sentimentos, pensamentos, crenças e preocupações que carregam consigo. Orientar, segundo o enunciado em seu Diário, para escreverem dentro ou ao redor do pote qual é o seu conteúdo, ou seja, quais são os sentimentos, pensamentos, crenças e preocupações que estão presentes em sua vida neste momento. Dizer para serem sinceros, pois não precisarão mostrar a ninguém o que produziram, e dar exemplos:

- "Ansiedade pelas provas escolares" (sentimento).
- "Tenho poucos, mas verdadeiros amigos" (pensamento).
- "Sou tímida, isso não vai mudar" (crença).
- "Será que vou passar no vestibular?" (preocupação)

Pedir que pensem em todos os aspectos de suas vidas ao escreverem seu conteúdo interior: família, escola, trabalho, amizade, igreja, comunidade... Depois, orientar para que observem seu pote da vida. Quantos sentimentos, pensamentos, crenças e preocupações são desagradáveis? Estão em maior número em comparação ao que seria positivo?

Conversar sobre nem sempre conseguirmos preencher nosso pote da vida com o que nos agrada. Muitas vezes, na verdade, sentiremos que nosso pote apresenta mais elementos negativos do que positivos. Como sentir-se feliz assim? A questão é que não importa a natureza de cada elemento (se nos agrada ou não), mas a proporção que lhe damos. Há quem enfrenta uma doença, por exemplo, tornando-se incapaz de frequentar a escola ou se divertir como antes, mas reconhece em sua vida a existência de pessoas que verdadeiramente o amam (família e amigos). Apesar dos pesares, então, essa pessoa consegue encontrar felicidade e manter a esperança necessária para enfrentar este momento difícil. Seu pote da vida pode estar cheio de desafios, mas nenhum deles poderá ser grande demais quando mantemos dentro de nós elementos cujo valor sempre será inestimável. Para suportar qualquer pote da vida que pareça difícil, portanto, basta nele incluir a esperança e o amor que sustentam nossos valores cristãos.

Quando esses valores estão frágeis ou nem existem, percebemos que o pote da vida das pessoas pode estar cheio ou vazio, não importa, elas sempre sentirão a necessidade de buscar algo que acreditam nele faltar. Por isso há pessoas que aparentemente levam uma vida sem grandes problemas, privilegiadas e protegidas dos males que acometem a maioria, com seus potes cheios de boas coisas, e mesmo assim sentem grande vontade de esvaziarem seu conteúdo. Sentem vontade de virarem seu pote de cabeça para baixo e perderem sua essência completamente, tudo para abandonar algo que as incomodava, talvez a necessidade de uma nova experiência ou diversão. Não percebem que, ao fazerem isso, esvaziam-se também daquilo que lhes era importante.

Ressaltar que uma das escolhas que fazem ao colocar o pote de cabeça para baixo é **usar drogas**. O uso pode começar com uma motivação simples, como a curiosidade ou a busca por uma diversão inédita, ou pode ser motivado por algo mais complexo, como a fuga de uma realidade que provoca tristeza, solidão, raiva e impotência. De qualquer forma, o uso de drogas está sempre relacionado a uma necessidade que se iniciou neste pote da vida. Algo que não foi enfrentado, refletido ou levado a sério. O usuário de drogas escolheu ignorar seu próprio conteúdo, deixando-se enganar pela ilusão de que as drogas não apenas esvaziariam o que o incomodava, mas preencheriam o vazio que isso causaria. No entanto as drogas são incapazes de preencher o vazio que criam.

Conversar sobre o uso de drogas com o grupo, mediando o que sabem a respeito do tema. Comentar especialmente sobre as drogas lícitas, como o álcool e o cigarro. Mencionar que estas drogas, embora pareçam inofensivas o suficiente para serem liberadas a quem é maior de idade, são prejudiciais à saúde mesmo sob consumo moderado. Isso porque carregam em suas fórmulas inúmeros componentes tóxicos que agem diretamente sobre o sistema nervoso central. O álcool, por exemplo, nubla o raciocínio e os reflexos motores, sendo por isso proibido o seu consumo combinado com a direção. Dizer que o álcool é também culturalmente associado a momentos de celebração, sendo comum encontrá-lo em ocasiões festivas. Isso facilita o acesso das pessoas, mas será que justifica seu consumo? Precisamos sempre que possível ingerir bebidas alcoólicas apenas porque estão disponíveis?

O problema das drogas lícitas é que ninguém regula seu consumo individual. Ninguém controla o quanto cada pessoa bebe ou fuma. O controle depende dos próprios indivíduos. Por esse motivo vemos frequentemente pessoas que não apenas *usam* essas drogas, mas *abusam* delas e não se percebem viciadas. O vício de drogas lícitas acontece quando o indivíduo já não consegue controlar seu consumo, fracassando inclusive em tentativas de interrompê-lo. Seu desempenho passa a ser prejudicado, assim como sua saúde, e seu comportamento é diretamente afetado pelo consumo da droga. Se antes bebia ou fumava para socializar, agora sente-se irritado quando não pode consumir a droga e a quer ainda mais, em mais momentos, em maior quantidade. Se antes bebia uma cerveja e tragava um cigarro em ocasiões especiais, seu consumo passa a aumentar porque sua tolerância se fez mais resistente.

O alcoolismo, infelizmente, atinge um enorme número de famílias. Sob o efeito do álcool, o indivíduo pode tomar atitudes agressivas e imprudentes machucando pessoas ou a si mesmo. E um quadro tão grave quanto esse, a ponto de necessitar de um processo de desintoxicação, sempre começa vagarosamente.

O mesmo se aplica ao uso de drogas ilícitas. No entanto, neste caso, há o agravante de que por serem ilegais as pessoas que as consomem estão direta ou indiretamente envolvidas em crimes e atentados contra a vida. Para um indivíduo comprar um cigarrinho de maconha, por exemplo, todo um sistema de tráfico é necessário para sustentar este comércio ilegal e torná-lo acessível. Usuários de drogas ilícitas não apenas destroem mais rapidamente seu organismo e seus relacionamentos, mas principalmente tornam-se cúmplices de crimes bárbaros que exploram menores de idade, massacram famílias, provocam assaltos e mantêm outras facções. Para melhor debater esse aspecto, apresentar o vídeo "Drogas. Não dá mais pra aceitar", iniciativa do Governo de Santa Catarina.

Concluir mencionando que estar atento ao seu pote da vida é muito importante. Saber o que o incomoda ajuda a enfrentar as dificuldades de um modo consciente e maduro. Não é o álcool, o cigarro ou drogas ilícitas que poderá resolver seus problemas ou preencher alguma necessidade pessoal.

Mencionar, neste momento, a promessa de Jesus no texto bíblico lido no encontro. Ao estar cansado e sobrecarregado, insatisfeito com seu pote da vida, basta ir ao encontro de Jesus para ser confortado e renovar a força necessária para seguir em frente. Ele nos dará o descanso merecido, reavivando a fé e os valores capazes de suportar qualquer adversidade. Não estamos sozinhos, mesmo quando a solidão nos espreita. Estamos sempre na companhia do Senhor e na sombra de sua Palavra.

Conclusão: Encerrar pedindo para que os catequizandos façam as atividades propostas no Diário Espiritual. Explique que, no Diário, serão convidados a analisar como este encontro ajudou-os a refletir sobre o uso de drogas como uma escolha equivocada de quem busca algo mais para a própria vida, sendo importante aprender a enfrentar as dificuldades ou preencher o vazio que se sente através de valores cristãos e da proposta de Jesus, que nos oferece descanso nas adversidades. Pedir para que escrevam e tragam o Diário no próximo encontro para partilhar.

Oração final: Convidar os catequizandos a ficarem em pé ao redor da mesa da Palavra e a elevar a Deus suas preces. Concluir rezando o Pai-nosso e a oração:

Ó Deus, por favor, acolhe nossas vidas e preenche-nos com o conforto de sua presença nos momentos de adversidade e solidão. Ajudai-nos a sempre manter em nosso pote da vida os valores que com o Senhor aprendemos. Por Cristo nosso Senhor. Amém.

No final da oração, o catequista impõe as mãos sobre a cabeça de cada catequizando e traça o sinal da cruz em sua fronte dizendo: *"Vai em paz, ...N..., que o Senhor lhe conceda sabedoria e renove constantemente as suas forças para não sucumbir a tentações!"*.

Material de apoio

 Sugere-se, se a maturidade do grupo e a realidade permitir, apresentar o excerto do filme Tropa de Elite, no qual se apresenta a abordagem policial no morro do Rio de Janeiro onde traficantes e usuários de maconha estavam reunidos. Neste excerto percebe-se a reflexão sobre como fumar maconha favorece o crime organizado e a morte de inocentes. Disponível em: <https://www.youtube.com/watch?v=j9X8t-iJ_Mc>.

 Propõe-se a leitura do tópico "Por que é pecado consumir drogas?", presente no YOUCAT Brasil, número 389, que explica o uso de drogas como pecado uma vez que se constitui como um atentado contra a vida que Deus nos concedeu por amor.

 Se necessário, pode-se estudar e indicar o site Fundação para um Mundo Sem Drogas (<http://www.mundosemdrogas.org.br/home.html>), que reúne dados sobre diversas drogas. Outra dica é conhecer o trabalho realizado pelos Alcoólicos Anônimos, cujo processo de recuperação envolve doze passos que incluem o resgate à espiritualidade (<http://www.alcoolicosanonimos.org.br>).

11º Encontro
Liberdade orientada para o bem

Palavra inicial: O objetivo deste encontro é auxiliar o catequizando a perceber que a liberdade do cristão deve ser guiada pelo respeito à dignidade da vida e orientada para o bem.

Preparando ambiente: Ambão com toalha da cor do tempo litúrgico, velas e Bíblia. Para a dramatização, organizar as tarjetas de papel com as cenas descritas a cada grupo e os recursos para a interpretação dos personagens.

Acolhida: O catequista acolhe os catequizandos saudando-os com o dizer: *"Viva a liberdade com responsabilidade, ...N..., seja bem-vindo"*. Na sala, saúda a todos mais uma vez desejando-lhes boas-vindas.

Recordação da vida: O catequista convida os catequizandos a ficarem de pé ao redor da Mesa da Palavra para o momento de recordação da vida e oração inicial.

Motivar a recordar o encontro anterior sobre a escolha por usar drogas ser motivada, muitas vezes, pela busca por preencher ou retirar algo do pote da vida. No entanto Jesus nos faz a promessa de que pode nos oferecer descanso em nossas dificuldades. Poderão comentar, também, os acontecimentos importantes ocorridos na vida da comunidade.

NA MESA DA PALAVRA

Oração inicial: O catequista prossegue com a oração inicial, pedindo a Deus que ilumine nosso entendimento da Palavra para viver nossa liberdade orientada pelos princípios e valores cristãos. Em seguida conclui invocando o Espírito Santo rezando ou cantando.

O catequista convida um catequizando para se dirigir ao ambão e proclamar o texto indicado.

Leitura do texto bíblico: 1Pd 2,15-16.

Depois de um período de silêncio, o catequista lê o texto novamente, desta vez pausadamente, destacando alguns pontos do texto.

> *A vontade de Deus é que, pela prática do bem, façais emudecer a ignorância dos insensatos. Procedei como pessoas livres, não usando a liberdade como pretexto para o mal, mas vivendo como servos de Deus.*

O catequista convida a todos a sentarem ao redor da Mesa da Partilha.

NA MESA DA PARTILHA

Pedir a um dos catequizandos para realizar a leitura pausada do texto bíblico. Depois de um breve silêncio, pedir que todos leiam juntos. Ao final, repetir as palavras: "prática do bem", "procedei como pessoas livres", "vivendo como servos de Deus".

Conversar sobre o que é liberdade. Deixar os catequizandos partilharem suas opiniões e mediar esse momento. Perguntar o que pensam sobre a liberdade em relação aos limites. Questionar, no decorrer da conversa, se a liberdade deve ter ou não limites para ser entendida como liberdade. Incentivá-los a pensar se estes limites são restritivos e outros aspectos que surgirem próprios da realidade. Depois, explorar situações nas quais esses limites são bastante claros e outras que despertam dúvidas. Pode-se citar como exemplos:

Limites claros	Limites que despertam dúvidas
A liberdade de um menor de idade apresenta limites legais, como não poder ingerir bebida alcoólica ou dirigir; limites da vida familiar (esclarecidos nas orientações e regras estabelecidas pelos responsáveis), como não poder sair de casa sem avisar aonde irá e a que horas voltará; limites da vida escolar (esclarecidos no regimento da escola), como não poder faltar às aulas sem justificativa ou desrespeitar colegas e profissionais da educação...	A liberdade artística por vezes é moralmente questionada quando exposições envolvem nudez ou temas controversos; a liberdade de expressar sua própria identidade em vestes e acessórios de moda por vezes incentiva reflexões sobre, talvez, não ser possível permiti-la em lugares formais (como ambiente profissional e acadêmico)... Não há um consenso a respeito desses limites.

Conversar, ainda, sobre a liberdade não ser a mesma para todas as pessoas. A liberdade que nossa família nos dá pode não ser igual às famílias dos nossos colegas, assim como a liberdade que nossa religião nos orienta a viver pode não ser igual à liberdade que as demais religiões orientam. Da mesma forma, a liberdade que nosso país nos oferece (garantida legalmente) pode não ser a mesma que outros países oferecem aos seus cidadãos. Ainda, há que se considerar que a liberdade cultural em nosso país pode ser bastante diferente da liberdade cultural de outros países. Esclarecer que, ao redor do mundo, muitas pessoas enfrentam limites relacionados à liberdade de escolha que ferem inclusive seus direitos básicos como, por exemplo, o de frequentar a escola. Orientar para a dramatização.

DRAMATIZAÇÃO

Dividir os catequizandos em cinco grupos. Dizer que cada grupo receberá uma cena que precisará ser dramatizada aos colegas. Para isso, deverão escolher seus protagonistas, coadjuvantes e personagens ilustrativos, aqueles que apenas compõem um cenário. Se desejarem, poderão incluir um narrador da cena. Esclarecer que as cenas são partes de uma única história, por isso é importante que sigam as falas e as descrições dadas.

Oferecer recursos para a dramatização dos grupos e distribuir as cenas em tarjetas de papel.

Grupo 1

Felipe é um adolescente comum. Curte jogar videogame, andar de skate e sair com os amigos. É um aluno mediano, mas nunca reprovou na escola. Nesse momento, está sendo pressionado a pensar mais seriamente no vestibular. Sua família quer que ele curse contabilidade, já que seu pai atua nesta área e poderia facilitar sua vida com muitos bons contatos. Mas Felipe é péssimo em matemática e odeia qualquer coisa relacionada com administração. Ao mesmo tempo, não sente vontade de cursar nada em especial. O problema é que, para ser obrigado a estudar, seus pais estão impondo várias proibições. Não pode mais sair a qualquer hora nem jogar videogame em seu quarto. Não pode mais tirar uma soneca, porque "se tem tempo para dormir, tem tempo para estudar". Caramba! Isso tudo estava ficando muito chato.

Por isso Felipe adorou a oportunidade de ir à festa de aniversário de um amigo. Seus pais deixaram, e ele aproveitaria muito! Foi com esse espírito que, durante a festa, Felipe aceitou a primeira bebida alcoólica. Depois outra, e outra... Já bastante alterado, aceitou também a carona de Marcos, um divertido jovem penetra a quem mal conhecia, mas que estava dirigindo o carro de um primo. Não se preocupou com o fato de ambos estarem bêbados, só percebeu que as coisas fugiram do controle quando atropelaram aquele homem...

Grupo 2

– Assassino! Assassino! – gritavam as pessoas ao redor da delegacia.

Felipe, um adolescente de 16 anos, chegava acompanhado do pai e do advogado. O braço paterno estava pousado em seus ombros como se tentasse protegê-lo das agressões verbais, mas doía muito ouvir a raiva do povo. Ele se arrependia demais...

– Eu não estava dirigindo aquele carro! – Felipe gritou desesperado durante o interrogatório.

– Vamos recapitular – disse o delegado, desconfiado. – Você foi a uma festa, bebeu todas e depois dirigiu o carro em alta velocidade, atropelando a vítima sobre a calçada.

– Não, não... – Felipe quase chorou. – Eu fui à festa e, sim, fiquei bêbado. Mas voltei de carona com o Marcos, que estava dirigindo o carro. Ele é que atropelou o pobre homem, depois saiu correndo a pé na noite e desapareceu. Eu chamei a ambulância, eu gritei pedindo ajuda, eu... eu fiz o que devia...

– Olha, garoto, o carro era roubado. O dono não pode nem dizer quem era o condutor. A rua não apresentava câmeras, não há uma testemunha sequer para dizer que você saiu da festa com esse tal de Marcos.

– Mas... – O adolescente foi interrompido por seu advogado, que gesticulou para que se calasse.

– Você ao menos prestou socorro à vítima, mas isso é apenas um atenuante do seu crime – continuou o delegado. – Só não foi preso imediatamente porque fugiu do local...

– Eu não fugi! – Felipe corrigiu. – Eu entrei na ambulância junto com o velho, porque eu 'tava' preocupado. Fui até o hospital com ele.

– Você abandonou o local do acidente e não acionou a polícia.

– Eu 'tava' bêbado... – balbuciou. – Eu não sabia exatamente o que fazer, aliás, eu nem tenho carteira. Não sei como proceder em caso de acidente...

– Álcool combinado com direção é um crime, envolvendo a morte de alguém é reconhecido como homicídio doloso.

Felipe se calou. Estava muito, muito ferrado.

Grupo 3

– O velório do vigia noturno Jairo Antunes, atropelado quando voltava para casa depois do expediente, reuniu uma centena de pessoas – disse o repórter. – Ele chegou a ser socorrido, mas veio a óbito no hospital há dois dias. O motorista, que tinha 16 anos e apresentava sinais de embriaguez, foi encaminhado para internação em estabelecimento educacional.

— Que triste, meu Deus! — comentou uma mulher na lanchonete. — Um moleque dirigindo bêbado... Onde esse mundo vai parar?

Marcos ouviu em silêncio. Ninguém ali sabia que ele era o motorista responsável pelo atropelamento. Se soubessem, provavelmente não sairia ileso. A comoção na cidade por causa da morte de Jairo era crescente. Aparentemente, o sujeito fora muito amado e a família exigia justiça com sangue nos olhos.

Nunca pensou que, por ter bebido em uma festa, acabaria atropelando alguém. Assim que a situação aconteceu, desesperado, ele desceu do carro e correu. Fugiu para evitar a polícia por várias razões: o carro fora roubado pelo primo, que o emprestou naquela noite; Marcos era menor de idade; conduzia alcoolizado; e atropelou alguém... Não poderia esperar nada otimista desse conjunto.

O problema é que o tal de Felipe o acompanhava no carro como seu carona. Caramba, nunca pensou que o cara fosse agir tão corretamente. Ele chamou a ambulância e foi com a vítima até o hospital. Para piorar, naquela mesma madrugada o velho atropelado morreu. Felipe, ao invés de se calar e sumir do mapa, apresentou-se à delegacia na tarde seguinte. Sua presença tão imediata configurava flagrante, o que muito ajudava a polícia.

Apesar de Felipe dizer não ser o condutor do carro, ninguém sabia sobre Marcos. Aliás, o fato de o carro ser roubado acabou se tornando uma vantagem. Seria difícil relacionar Marcos ou seu primo ao veículo. Por sorte, Felipe também pouco poderia dizer algo a respeito dele, porque mal se conheciam, e a polícia não parecia muito interessada em fazer sua parte. O delegado, sem se esforçar em apurar os fatos, queria apenas entregar a cabeça de algum culpado para apaziguar os ânimos do povo.

Grupo 4

Amanda mal podia acreditar na notícia. O programa policial mostrava, sem sequer embaçar a imagem, o rosto do adolescente chamado Felipe sendo encaminhado para a internação em uma unidade educacional do Estado.

— Esse, minha gente, é o sujeitinho inconsequente que bebeu, dirigiu e assassinou o senhor Jairo Antunes! Vejam a expressão de falso arrependimento... — A câmera dera um grande *zoom* sobre a face de Felipe. — Eu não acredito na sua hipocrisia, garoto! — gritava o apresentador.

Ela desligou a TV. Estava sem fôlego, o coração agitado no peito. O que fazer? Roía as unhas e andava pelo quarto bastante apreensiva.

A verdade é que Amanda não esperava que as coisas chegassem àquele ponto. Ela achou que tudo se resolveria, que a justiça seria feita sem sua interferência, mas o que via era Felipe cada vez mais afundado na lama.

Na noite em que viu Felipe pela primeira e única vez, Amanda fugiu às escondidas e compareceu a uma festa "do conhecido de um colega de uma amiga dela". Divertiu-se, dançou e fez várias amizades. Em dado momento, ela notou Felipe. Muito bêbado, ele gritava e ria alto. Seu comportamento exagerado o colocava em evidência. Por isso, ela notou quando Felipe foi embora da festa. E ele não estava sozinho... Ela o viu, através da janela, entrar no carro de outro rapaz e sentar-se no banco do passageiro. O rapaz também estava bêbado, óbvio, e Amanda pensou: "são loucos por saírem nessas condições".

No dia seguinte, ela viu a notícia de que um senhor fora atropelado. Ficou chocada, mas o horror foi ainda maior ao perceber que Felipe estava sendo acusado de conduzir embriagado. Não! Ela o viu pegando uma carona. Não era Felipe quem estava dirigindo. Devia contar a alguém? Não queria que seus pais soubessem de sua presença na festa, mas as consequências estavam indo longe demais para Felipe. Mesmo que não o conhecesse, aquilo parecia muito errado.

Grupo 5

O delegado estava com dor de cabeça. Sabia que aquela situação seria um grande tiro no pé quando a mídia se inteirasse. Com certeza sua investigação seria muito criticada, e ele mal poderia argumentar contra isso.

Deixou-se pressionar pelo povo que pedia justiça e acusou Felipe Mascato, um adolescente de apenas 16 anos, de atropelar e matar Jairo Antunes. Fez isso porque a versão do garoto parecia muito espinhosa para acreditar. Desde o começo, Felipe negou ser o condutor do veículo. Dizia que um tal de Marcos era o motorista, mas que não o conhecia para saber seu sobrenome ou onde encontrá-lo. Muito conveniente.

De repente, quando o caso já estava quase encerrado e Felipe já era encaminhado para a internação de adolescentes infratores graves, uma garota irrompeu pela porta acompanhada por seus pais e desatou a falar. Seu testemunho confirmava a versão de Felipe. De fato, existia alguém mais na cena. Droga, como justificar aos canais jornalísticos que apanharam o sujeito errado? Para piorar, a casa de Felipe fora apedrejada pela população, os muros pichados, seus pais humilhados... E o garoto fora exposto publicamente, um grande mártir. Isso tudo era uma enorme bagunça!

Depois de uma séria apuração dos fatos, encontraram várias evidências sobre Marcos ter comparecido à festa. Logo o localizaram em outra cidade na companhia do primo, o suspeito pelo roubo do carro envolvido no atropelamento.

Neste exato momento, o delegado preparava-se para enfrentar os holofotes de uma coletiva de imprensa sedenta por conhecer os detalhes desta grande reviravolta. E ele não tinha a quem culpar além de si mesmo...

Após as dramatizações, conversar com os catequizandos sobre o que acharam da história. Perguntar sobre as consequências das escolhas de cada personagem e como assumiram a responsabilidade por elas. Pode-se fazer algumas perguntas:

- Se Felipe não tivesse bebido tanto, sua escolha poderia ser diferente?
- Se Marcos fosse mais ético e assumisse as consequências de seus atos, Felipe teria sido acusado injustamente?
- Se Amanda não tivesse demorado tanto para prestar seu depoimento, Felipe teria enfrentado tantos momentos difíceis?
- Se o delegado tivesse sido mais correto nas etapas da investigação, a situação chegaria a esse ponto?
- Que palavras podemos reunir que configuram as atitudes de cada personagem?
- Por exemplo:
    - Felipe – rebeldia, impulsividade, imprudência...
    - Pais do Felipe – exigência excessiva, pressão, apoio...
    - Marcos – deslealdade, inconsequência, irresponsabilidade...
    - Amanda – medo, ansiedade, coragem, justiça...
    - Delegado – precipitação, falta de ética, conduta antiprofissional...
- A nossa liberdade ou de alguém que conhecemos pode estar associada a algumas destas palavras?

Orientar a reflexão mencionando que a liberdade sempre apresenta limites, mas no caso do cristão estes limites são o respeito a Deus e à dignidade da vida de si mesmo, dos outros e da criação. Relembrar o texto bíblico do encontro e mencionar que usar a liberdade implica saber quando é necessário agir com sensatez, sendo coerente com o que aprendeu na família, comunidade religiosa, catequese e escola. Trata-se de não se deixar guiar por uma vontade ou raiva passageira. Ser livre, portanto, pressupõe ser capaz de dizer "não", de não sucumbir a algum desejo e de manter atitudes a favor do bem de si mesmo e do próximo. Ser verdadeiramente livre envolve não precisar provar que se é livre, seja para si mesmo ou para alguém; envolve não se deixar guiar pela rebeldia e impulsividade mediante as situações. Comentar que o modo como exercitamos nossa liberdade reflete ou não nosso compromisso como filhos de Deus. Por isso, a verdadeira liberdade que o cristão conhece é aquela orientada para o bem.

Conclusão: Pedir para que os catequizandos façam as atividades propostas no Diário Espiritual. Explicar que, no Diário, serão convidados a analisar como este encontro pôde ajudá-los a compreender a importância de exercitar a liberdade com responsabilidade e orientados para a prática do bem. Pedir para que escrevam e tragam o Diário no próximo encontro para partilhar.

Oração final: Convidar os catequizandos a ficarem em pé ao redor da Mesa da Palavra e incentivá-los a formularem preces, concluindo-as com o Pai-nosso e a oração:

> *Ó Deus, ajudai-nos a viver nossa liberdade respeitando a dignidade da vida e valorizando seus ensinamentos. Que nossas escolhas sempre permitam às pessoas ver nossa identidade como filhos teus. Por Cristo nosso Senhor. Amém.*

No final da oração, o catequista impõe as mãos sobre a cabeça de cada catequizando e traça o sinal da cruz em sua fronte dizendo: *"Vai em paz, ...N...! Viva a sua liberdade a serviço do seu bem e do próximo"*.

Material de apoio

Pode-se apresentar algumas ilustrações de Al Margen, que oferecem críticas sociais interessantes se relacionadas à liberdade (disponível em: <https://www.megacurioso.com.br/ilustracao-e-pintura/102923-25-ilustracoes-que-nos-convidam-a-pensar-sobre-os-problemas-da-vida-moderna.htm>). Sobre essas imagens convém analisar a maturidade de seus catequizandos para escolher aquelas que sejam adequadas ao abordar o tema do encontro.

Indica-se, ainda, o discurso presente no filme O Grande Ditador, interpretado por Charlie Chaplin, que apresenta um convite para comprometer-se com o resgate à humanidade (disponível em: <https://www.youtube.com/watch?v=z8Mp9E0xjV4>). Como outra possibilidade, a depender da realidade de sua paróquia, pode-se usar a versão oficial do filme, na qual apenas se vê Charlie Chaplin em seu monólogo (disponível em: <https://www.youtube.com/watch?v=Nmmif6wAxYk>). Recomenda-se associar esse discurso ao modo como exercitamos nossa liberdade.

Sugere-se, para enriquecer os comentários no decorrer do encontro, a leitura do Catecismo da Igreja Católica sobre "A liberdade do homem", proposta nos números 1730 a 1742. Neles apresenta-se a liberdade como algo que caracteriza os atos humanos, não implicando o direito de tudo dizer e fazer, mas envolvendo o poder de agir ou não e, também, como ato voltado para o sumo Bem, que é Deus.

12º Encontro

Em família

Palavra inicial: O objetivo do encontro é auxiliar o catequizando a compreender o valor da família no Projeto de Amor de Deus, sendo nosso primeiro modelo de relacionamento e vida em comunidade.

Preparando ambiente: Ambão com toalha da cor do tempo litúrgico, velas e Bíblia. Para a atividade, oferecer uma folha de papel sulfite a cada catequizando. Deixar disponível lápis grafite, lápis de cor, canetinhas, cola e glitter. Providenciar o poema "Ensinamento", de Adélia Prado, para ser refletido com os catequizandos (disponível em <http://www.avozdapoesia.com.br/obras_ler.php?obra_id=17184>).

Acolhida: O catequista acolhe os catequizandos saudando-os com o dizer: *"Sua família é amada por Deus, ...N..., seja bem-vindo"*. Na sala, saúda a todos mais uma vez desejando-lhes boas-vindas.

Recordação da vida: O catequista convida os catequizandos a ficarem de pé ao redor da Mesa da Palavra para o momento de recordação da vida e oração inicial.

Motivar a recordar o encontro anterior no qual refletiram sobre os limites da liberdade cristã e a necessidade de ela ser orientada para o bem. Poderão comentar, também, os acontecimentos importantes ocorridos na vida da comunidade.

NA MESA DA PALAVRA

Oração inicial: O catequista prossegue com a oração, pedindo a Deus que nos ajude a reconhecer o valor de nossas famílias e de nosso papel nelas como cristãos. Em seguida conclui invocando o Espírito Santo rezando ou cantando.

O catequista convida um catequizando para se dirigir ao ambão e proclamar o texto indicado.

Leitura do texto bíblico: Ef 4,29-32.

Depois de um período de silêncio, o catequista lê o texto novamente, desta vez pausadamente, destacando alguns pontos do texto.

> *Não saia de vossa boca nenhuma palavra má senão somente palavras boas, oportunas e edificantes, para fazer bem aos ouvintes. [...] Afastai de vós toda dureza, irritação, cólera, gritaria, blasfêmia e toda malícia. Sede antes bondosos para com os outros, perdoando-vos mutuamente...*

O catequista convida a todos a sentarem ao redor da Mesa da Partilha.

NA MESA DA PARTILHA

Pedir que todos abram suas bíblias e releiam em silêncio o texto bíblico. Depois incentivá-los a partilharem o que lhes chamou atenção. Em seguida, ressaltar especialmente as palavras: "Sede antes bondosos para com os outros", fomentando a reflexão do texto bíblico. Dizer que ele apresenta a cada um de nós uma orientação de como devemos tratar uns aos outros, de modo que nossas atitudes sejam sempre edificantes e não alimentem qualquer discórdia.

Dizer que agir desse modo pode ser difícil algumas vezes, principalmente em relação às pessoas de nosso convívio mais íntimo: a família. Perguntar se suas atitudes e maneira de falar são as mesmas dentro e fora do ambiente de convívio da família, se na escola os veem e conhecem da mesma forma que seus familiares, se já fizeram a desconhecidos o que fazem para a própria família... Ressaltar que a família é aquela que nos oferece nosso primeiro ambiente de intimidade. Por isso, quando em nossa família nos sentimos à vontade e seguros de sermos amados, torna-se mais fácil permitir que outras pessoas (de outros ambientes) se aproximem de nós. Isto porque, quando aprendemos no ambiente familiar modos de agir e reagir adequados a uma convivência respeitosa, conseguimos construir relacionamentos de confiança em nossas vidas. Por outro lado, se nesse ambiente nos sentimos agredidos e diminuídos, torna-se mais difícil manter nosso coração aberto para outras pessoas. Quando feridos por quem faz parte do nosso círculo mais íntimo de relacionamento, qualquer outro vínculo poderá ser interpretado como uma ameaça.

Explicar que a família é importante no Projeto de Amor de Deus, pois Ele instituiu a família humana ao criar o homem e a mulher. Nela, as pessoas podem nascer e se desenvolver em uma comunidade de amor. Podemos, então, aprender um estilo de relacionamento que suporta e incentiva o bem comum de cada membro desta família cristã, contribuindo com Deus, pelo seu testemunho, na renovação da sociedade Ela não é apenas nosso primeiro modelo de um relacionamento confiável, mas também nosso primeiro modelo de vida em comunidade, ou seja, a vida em família é iniciação para a vida em sociedade. Orientar para a atividade.

— ATIVIDADE —

Entregar a cada catequizando uma folha de papel sulfite e oferecer acesso a lápis grafite e de cor, canetinhas, cola e glitter. Pedir para fecharem os olhos e orientar:

- Pense em sua família.
- Lembre-se de:
    - Quais momentos vocês já viveram juntos.
    - Quais boas recordações você guarda.
    - Quais decepções foram dolorosas.
    - Quais dificuldades enfrentaram.
- Pense no que você aprendeu com sua família que deseja, um dia, ensinar aos seus próprios filhos.
- Identifique as características da sua família que, se pudesse, mudaria.

- Pergunte a si mesmo:
  - O que me identifica como um membro dessa família?
  - Quais são os valores da minha família que levo para a minha vida?
  - Quais são os valores da minha família que não gosto e não quero levar para a minha vida?
  - Do que me orgulho em minha família?

Dizer para abrirem os olhos e mencionar que nenhuma família é igual à outra, mas todas são especiais para Deus. Afirmar que a família a qual pertencem pode não parecer a ideal, mas é certamente aquela que os influenciou a ser quem são hoje.

Pedir que, na folha sulfite, desenhem o brasão de sua família. Explicar que um brasão é composto de elementos que representam a família (se possível, apresentar um modelo). Orientar para que, a partir do que pensaram, procurem incluir detalhes que realmente expressem sua família.

Quando terminarem, pedir para observarem seu brasão com atenção a cada detalhe. Dizer para pensarem silenciosamente:

- Estão se sentindo representados pela imagem que construíram?
- Gostariam de incluir algo que não puderam porque não combina com sua família?
- Gostariam de excluir algo que, infelizmente, precisaram representar no brasão?

Comentar que cada um de nós desempenha um papel nas nossas famílias. Se o negarmos, estaremos tirando de nós mesmos a possibilidade de promover mudanças ou de influenciar nossos familiares para melhor convivermos uns com os outros. Perguntar se alguém gostaria de apresentar e explicar seu brasão. Oferecer *feedback* a quem aceitar fazê-lo. Depois, pedir para que todos segurem seus brasões na altura do peito e caminhem pelo ambiente observando os brasões dos colegas. Neste momento, pode-se colocar alguma música.

Conversar sobre como conviver em família nem sempre é simples. Às vezes, a intimidade construída no dia a dia pode ser uma grande armadilha. Sabemos que não podemos mudar nossa família de origem (nossos pais sempre serão nossos pais, nossos irmãos sempre serão nossos irmãos, assim como nossos avós, nossos primos, nossos tios...), pois estamos unidos por um vínculo vitalício, e essa realidade pode levar as pessoas a agirem de modo despreocupado umas com as outras. Perguntar: "Vocês já trataram a um desconhecido melhor do que trataram seus pais? Ou a um amigo melhor do que trataram seus irmãos?". Mediar e acolher as respostas. Motivar a refletir sobre o mau uso do vínculo vitalício com nossos familiares quando, confiantes de que sempre estaremos unidos, passamos a agir de modo egoísta, agressivo ou indiferente. Alguns filhos, por exemplo, sabendo que seus pais sempre estarão ali, na mesma casa, retrucam, brigam, xingam... Não os respeitam porque, no fim, os pais não terão outra opção a não ser continuar convivendo com eles. "Quantos de vocês já agiram assim?", perguntar. Ajudá-los a pensar sobre como nós mesmos podemos dificultar nossas relações familiares, porque não cedemos, nos recusamos a entender o contexto e a opinião do outro, não ouvimos com paciência, levamos para o lado pessoal qualquer contrariedade.

Relembrar, neste momento, a mensagem do texto bíblico: como cristãos, somos orientados a agir de modo que edifique o próximo, evitando a dureza, irritação, cólera, gritaria, blasfêmia e malícia. Devemos investir na nossa própria família, devemos construir e manter um brasão que agrade a Deus, pois ao cultivar o amor ao próximo nos nossos lares estaremos igualmente favorecendo nossa própria felicidade.

Concluir o encontro conversando sobre as lições que estão por trás das atitudes das nossas famílias. Apresentar o poema "Ensinamento", de Adélia Prado, e refletir com os catequizandos o que a atitude da mãe ensina. Mencionar que só podemos aprender nas entrelinhas quando nos mantemos abertos e sensíveis para captar tais ensinamentos.

Conclusão: Encerrar pedindo para que os catequizandos façam as atividades propostas no Diário Espiritual. Explique que, no Diário, serão convidados a analisar como este encontro pôde ajudá-los a entender que a família é preciosa no Projeto de Amor de Deus, pois nela encontramos nosso primeiro modelo de relacionamento. Pedir para que escrevam e tragam o Diário no próximo encontro para partilhar.

Oração final: Convidar os catequizandos a ficarem em pé ao redor da Mesa da Palavra e a formularem preces e louvores por suas famílias. As preces poderão ser encerradas com o Pai-nosso e a oração:

> *Ó Deus, abençoai nossas famílias e fazei com que nossos corações estejam mais abertos àqueles com quem partilhamos nossos lares. Que possamos amar e perdoar nossos pais, irmãos e outros familiares como o Senhor nos ensina. Por Cristo nosso Senhor. Amém.*

No final da oração, o catequista impõe as mãos sobre a cabeça de cada catequizando e traça o sinal da cruz em sua fronte dizendo: *"Vai em paz, ...N...! Cultive o amor em sua família"*.

Material de apoio

Sugere-se a leitura de:

Exortação Apostólica Pós-Sinodal *Amoris Laetitia*, do Papa Francisco (2016). Disponível em: <http://w2.vatican.va/content/francesco/pt/apost_exhortations/documents/papa-francesco_esortazione-ap_20160319_amoris-laetitia.html>.

Exortação Apostólica *Familiares Consortio*, do Papa João Paulo II (1981). Disponível em: <http://w2.vatican.va/content/john-paul-ii/pt/apost_exhortations/documents/hf_jp-ii_exh_19811122_familiaris-consortio.html>.

Catecismo da Igreja Católica: números 2201-2206 (natureza da família), 2214-2220 (deveres dos filhos) e 2232 (a família e o Reino).

13º Encontro

Agradar a Deus

Palavra inicial: O objetivo do encontro é auxiliar o catequizando a perceber que faz parte do compromisso cristão agradar a Deus.

Preparando o ambiente: Ambão com toalha da cor do tempo litúrgico, velas e Bíblia. Para a dinâmica, oferecer uma tarja de papel e uma caneta para cada catequizando.

Acolhida: O catequista acolhe os catequizandos saudando-os com o dizer: *"Sua presença agrada a Deus, ...N..., seja bem-vindo"*. Na sala, saúda a todos mais uma vez desejando-lhes boas-vindas.

Recordação da vida: O catequista convida os catequizandos a ficarem de pé ao redor da Mesa da Palavra para o momento de recordação da vida e oração inicial.

Motivar a recordar o encontro anterior, quando refletiram sobre a importância da família no Projeto de Amor de Deus e de agir com bondade e respeito em relação aos familiares. Poderão comentar, também, os acontecimentos importantes que possam ter ocorrido na vida da comunidade.

NA MESA DA PALAVRA

Oração inicial: O catequista prossegue com a oração, pedindo a Deus que nos mostre sempre como agir em cada ocasião de um modo que o agrade mais do que a nós mesmos e às pessoas. Em seguida conclui invocando o Espírito Santo rezando ou cantando.

O catequista convida um catequizando para se dirigir ao ambão e proclamar o texto indicado.

Leitura do texto bíblico: Gl 1,10.

Depois de um período de silêncio, o catequista lê o texto novamente, desta vez pausadamente, destacando alguns pontos do texto.

> *Será que estou procurando o favor das pessoas ou de Deus? Por acaso estou querendo agradar às pessoas? Se ainda estivesse procurando agradar às pessoas, eu não seria o escravo de Cristo.*

O catequista convida a todos a sentarem ao redor da Mesa da Partilha.

NA MESA DA PARTILHA

Convidar os catequizandos a relerem o texto bíblico em silêncio observando cada frase do texto. Depois pedir que reflitam sobre essas palavras e conversar a respeito do que seria "agradar". Perguntar como se sentem quando desejam agradar alguém e quais motivações podem estar envolvidas. Citar alguns exemplos: querer se aproximar dessa pessoa ou, justamente por ser próximo dela, querer manter-se de bem com ela; obter alguma vantagem; tornar-se reconhecido; impor uma situação na qual essa pessoa deverá retribuir o favor... São várias as razões, a maioria delas não são exatamente positivas quando se trata de agradar alguém. No entanto, quando nos referimos a "agradar a Deus", a situação muda.

Não é possível agradar a Deus com intenções encobertas. Ele vê o que trazemos em nossos corações e pode captar o vazio das palavras ou das atitudes. Deus não pode ser enganado ou comprado. Agradá-lo, portanto, só é possível com sinceridade. Além disso, há algo muito importante quando pensamos em agradar a Deus: *devemos pensar no que Ele gostaria que fizéssemos*. Por isso dedicar-se a agradar a Deus faz parte do exercício de ser cristão. Quando nos questionamos o que Deus quer de nós como seus filhos queridos, imediatamente superamos nossos impulsos egoístas e procuramos olhar a nós mesmos como indivíduos capazes de construir o Reino a partir das nossas atitudes, escolhas e palavras. Colocamo-nos em nosso lugar de discípulos missionários de Jesus Cristo.

Perguntar: "Como podemos agradar a Deus?". Explorar algumas respostas e orientar para a dinâmica.

DINÂMICA

Entregar a cada catequizando uma tarja de papel e uma caneta. Pedir que escrevam individualmente um complemento à frase *Agradar a Deus é...* Orientar para que procurem descrever algo que pode ser praticado, por exemplo: *Agradar a Deus é perdoar o próximo / ajudar a quem precisa / dizer a verdade...* Depois, orientar para lerem em silêncio sua própria resposta e, se possível, a memorizarem. Pedir que fiquem em pé e caminhem pelo ambiente, parando diante de um colega e lhe dizendo a frase escrita. Deverão então circular e compartilhar sua própria frase, ouvindo também a frase do colega. Ao final, conversar sobre o que produziram e ouviram dos colegas. Pode-se perguntar:

- Qual frase chamou mais sua atenção?
- Alguma delas descreveu algo que já fizeram? (Pedir para comentarem a experiência.)
- Alguma delas expressou algo que desejam praticar?
- Já praticaram a frase que escreveram?

Aproveitar o momento para que o próprio grupo de catequizandos construa o conceito do que seja "agradar a Deus" e, sobretudo, perceba que essas atitudes refletem especialmente a nossa identidade cristã. Conversar, então, sobre agradar a Deus estar profundamente relacionado à prática do bem e ao ato de amar o próximo. Isto se pode perceber nos mandamentos. Eles exprimem a vontade de Deus a cada um em particular e ao mesmo tempo a todas as pessoas, visto que revelam as exigências do amor de Deus e ao próximo.

Portanto agradamos a Deus simplesmente quando exercitamos os mandamentos e os valores cristãos. E isso se torna natural ao ser uma legítima preocupação nossa colaborar para a construção do Reino de Deus. Faz parte da nossa vocação cristã considerar a nós mesmos capazes de fazer a diferença nas nossas vidas e nas vidas das pessoas com quem convivemos.

Relembrar o texto bíblico do encontro e concluir afirmando que agradar a Deus pode, nem sempre, agradar as pessoas. Isso porque a nossa motivação ao agradar a Deus não é atender as nossas expectativas ou as dos outros, e sim colocar em evidência e prática o que com Ele aprendemos. Por isso podemos ser criticados como "caretas" ou "ingênuos" quando escolhemos agradar a Deus com nossas atitudes. Devolver o troco a mais que recebemos, por exemplo, pode ser interpretado como desperdício de uma oportunidade de obter alguma vantagem sobre os outros. Escolher dizer a verdade mesmo que isso nos exponha e deixe em uma situação difícil, por exemplo, pode ser interpretado como uma atitude tola porque, para muitas pessoas, omitir e enganar é o que se espera como "normal". Concluir com uma conversa a respeito de como agradar a Deus implica, necessariamente, coragem, nobreza, honra e fé por parte de quem escolhe fazê-lo. Implica lutar contra uma cultura "da facilidade", do "jeitinho", "da vantagem". Nem sempre será fácil, mas certamente sempre será valioso.

Conclusão: Finalizar pedindo para que os catequizandos façam as atividades propostas no Diário Espiritual. Explique que, no Diário, serão convidados a analisar como este encontro pôde ajudá-los a entender que agradar a Deus faz parte do compromisso cristão, pois implica ter atitudes que expressam o amor ao próximo e à Criação. Pedir para que escrevam e tragam o Diário no próximo encontro para partilhar.

Oração final: Convidar os catequizandos a ficarem em pé ao redor da Mesa da Palavra para a oração. Incentivá-los a elevarem preces e louvores a Deus, e concluir rezando o Pai-nosso e a oração:

> *Ó Deus, ajudai-nos a não reagir de modo impulsivo às situações para que, com paciência, possamos reconhecer o que O agradaria. Assim, pensando em Ti, poderemos melhor escolher e agir de modo fiel ao nosso compromisso cristão. Por Cristo nosso Senhor. Amém.*

No final da oração, o catequista impõe as mãos sobre a cabeça de cada catequizando e traça o sinal da cruz em sua fronte dizendo: *" Que suas atitudes agradem a Deus em todos os lugares por onde passar. Vá em paz, ...N...!"*.

Material de apoio

 Sugere-se apresentar o vídeo "Juiz americano se comove com o caso de uma mãe", que apresenta Frank Caprio, magistrado reconhecido por sua conduta empática e ética durante os julgamentos. Neste vídeo nota-se que sua atitude esteve voltada ao bem, e não somente ao interesse da corte. Disponível em: <https://www.youtube.com/watch?v=8u8P7HjYXZA>.

 Pode-se apresentar também o vídeo "Emocionante campanha de uma seguradora tailandesa", que apresenta um rapaz constantemente praticando o bem, mesmo quando as pessoas não compreendem suas escolhas. Disponível em: <https://www.youtube.com/watch?v=MVa8vRHagTA>.

 Ainda, sugere-se apresentar outro vídeo sobre o amor ao próximo e à vida em unidade. É uma contribuição para compreender as virtudes necessárias para fazer a vontade de Deus. Disponível em: <https://www.youtube.com/watch?v=vPP4NHiwGTk>.

 Pode-se ler no Catecismo da Igreja Católica os textos relacionados aos Dez Mandamentos.

14º Encontro

Jesus veio a quem precisa

Palavra inicial: O objetivo do encontro é auxiliar o catequizando a entender que Jesus veio para salvar os pecadores e a todos que precisam de libertação, sendo missão de todo cristão vê-los com sensibilidade e ajudá-los em suas necessidades.

Preparando o ambiente: Ambão com toalha da cor do tempo litúrgico, velas e Bíblia. Para a atividade, os catequizandos serão divididos em até sete grupos. Será necessário dar a cada grupo uma imagem que represente as pessoas marginalizadas sobre as quais falarão aos colegas: uma pessoa com necessidade especial, um morador de rua, um idoso, uma família pobre, uma pessoa da comunidade LGBT, um presidiário, uma mulher vítima de violência doméstica, crianças e adolescentes abrigados em uma casa-lar. Para cada grupo, oferecer os tópicos a serem refletidos (presentes no item *Na Mesa da Partilha*). Ainda, será necessário que o catequista também participe apresentando a situação de crianças e adolescentes abrigados (tópicos presentes no item *Na Mesa da Partilha* e, se preciso, artigos de consulta no item *Material de apoio*). Preparar um cartaz (com cartolina ou papel Kraft) com o título "Como Jesus, vamos ao encontro dos que precisam" e cola. Neste cartaz, cada grupo colará a imagem que lhe foi entregue.

Acolhida: O catequista acolhe os catequizandos saudando-os com o dizer: *"Jesus veio a quem precisa, ...N..., seja bem-vindo"*. Na sala, saúda a todos mais uma vez desejando-lhes boas-vindas.

Recordação da vida: O catequista convida os catequizandos a ficarem de pé ao redor da Mesa da Palavra para o momento de recordação da vida e oração inicial.

Motivar a recordar o encontro anterior, no qual refletiu-se sobre ser de interesse e responsabilidade do cristão agir de modo agradável a Deus. Poderão comentar, também, os acontecimentos importantes que ocorreram na vida da comunidade.

NA MESA DA PALAVRA

Oração inicial: O catequista prossegue com a oração, pedindo a Deus que ajude a cada um de nós a ver com sensibilidade a quem precisa e ir ao seu encontro como Jesus faria. Em seguida conclui invocando o Espírito Santo rezando ou cantando.

O catequista convida um catequizando para se dirigir ao ambão e proclamar o texto indicado.

Leitura do texto bíblico: Mc 2,13-17.

Depois de um período de silêncio, o catequista lê o texto novamente, desta vez pausadamente, destacando alguns pontos do texto.

> *Jesus lhes disse: 'Não são os que têm saúde que precisam de médico, e sim os enfermos [...] vim chamar [...] os pecadores'.*

O catequista convida a todos a sentarem ao redor da Mesa da Partilha.

NA MESA DA PARTILHA

Reconstruir o texto bíblico com os catequizandos. Depois, pedir para abrirem suas Bíblias na passagem proclamada e convidar a uma leitura silenciosa. Incentivá-los a dizer o que compreenderam do texto, sobretudo por que os fariseus questionaram os discípulos de Jesus e por que Ele comia com os cobradores de impostos e pecadores. Depois de ouvi-los, pedir para juntos repetirem as palavras: "Não vim chamar os justos, mas os pecadores".

Conversar sobre como Jesus sempre manteve um olhar revolucionário à sua época, sem nunca se deixar levar pela cultura que valorizava e colocava em evidência apenas quem era considerado "merecedor" ou "digno". Mencionar que hoje não há grandes diferenças sobre isso, pois ainda mantemos sob os holofotes apenas quem se mantém "agradável aos olhos". Muitos não recebem sequer um segundo olhar. Perguntar aos catequizandos quem seriam essas pessoas à margem da nossa sociedade e, se necessário, dar exemplos: viciados em drogas, pobres, moradores de rua, pessoas com deficiências físicas e/ou mentais, presidiários, idosos, pessoas da comunidade LGBT... Mencionar que essas pessoas compartilham necessidades semelhantes, porém, ainda que representem grupos excluídos, recebem pouco apoio social em suas causas. Conversar sobre os motivos que levam essas pessoas a serem ignoradas por grande parcela da população, então indagar se esses motivos mutuamente alimentam a situação de exclusão dessas pessoas.

Por exemplo: a maioria das pessoas crê que não se deve "oferecer nada" aos presidiários, opondo-se a qualquer projeto social que intencione resgatar sua dignidade e ressocializá-los. Pelo contrário, embora saibamos que o sistema carcerário é insuficiente para atender a demanda, gerando situações degradantes e desumanas entre os presos, muitos acham ser esta "uma punição merecida" aos criminosos. Nota-se que a superpopulação carcerária, a falta de higiene e de cuidados médicos, a ausência de um planejamento adequado para evitar que presos de alta periculosidade convivam com os de menor perigo social, entre outras situações que ocorrem nos presídios são consideradas pela população como meios vingativos de punição. No entanto essa situação retroalimenta a violência. Para se manterem vivos em um ambiente sem qualquer segurança, os presos passam a se organizar e se aliar através de "trocas de favores". Isso fortalece o crime organizado que, do interior dos presídios, continua a comandar as facções que agem no exterior; fortalece também o repertório antissocial de manipulação e violência dessas pessoas. Elas recebem, neste contexto, pouca ou nenhuma oportunidade de aprender a agir diferente. Pode-se dizer, então, que os motivos que levam a sociedade a ignorar a situação dos presidiários igualmente retroalimenta a violência e o crime que eles cometem.

Conversar sobre ser responsabilidade do cristão continuar a missão de Jesus. Devemos, então, manter o olhar sensível às pessoas que precisam, que não encontram apoio social, que vivem sem qualquer dignidade, que estão perdidas por falta de oportunidade e orientação, que são vítimas da indiferença e do preconceito. Jesus deu-nos vários exemplos de acolhimento aos marginalizados de sua época. Ele nunca aprovou ou ignorou seus pecados, mas viu essas pessoas além dos seus erros. Nós também devemos buscar fazer o mesmo.

Orientar para a atividade.

―――――――― ATIVIDADE ――――――――

Para a atividade, o catequista também deverá ter se preparado (conforme o item *Preparando o ambiente*). Dividir os catequizandos em até sete grupos. A cada grupo distribuir uma imagem que represente uma determinada população marginalizada pela nossa sociedade e orientações para sua reflexão. Informar que o catequista também apresentará uma população marginalizada: crianças e adolescentes abrigados. Dizer que, ao final, deverão apresentar aos colegas os tópicos do que conversaram em seu grupo.

Grupo 1 – Pessoas com necessidades especiais.

- Quais as necessidades especiais existem?
- Quais as dificuldades essas pessoas podem encontrar relacionadas à/ao: acessibilidade, vida escolar e profissional, tratamento médico e multiprofissional, e vida social?
- Quais preconceitos essas pessoas enfrentam?
- O que a sociedade poderia oferecer e o que nós, cristãos, podemos fazer para ajudá-las a ter melhor qualidade de vida?

Grupo 2 – Pessoas em situação de rua.

- Quais razões que podem levar pessoas a morarem na rua?
- Quais dificuldades essas pessoas podem encontrar relacionadas à/ao: vida escolar e profissional, saúde e prevenção ao uso de drogas, segurança e vida familiar?
- Quais preconceitos essas pessoas enfrentam?
- O que a sociedade poderia oferecer e o que nós, cristãos, podemos fazer para ajudá-las a ter melhor qualidade de vida?

Grupo 3 – Idosos.

- Por que, apesar de ser um público assegurado por direitos e políticas públicas, podemos considerá-lo marginalizado?
- Quais dificuldades essas pessoas podem encontrar relacionadas à/ao: garantia dos seus direitos, segurança e vulnerabilidade, acessibilidade, saúde e autonomia, vida profissional e familiar?
- Quais preconceitos essas pessoas enfrentam?
- O que a sociedade poderia oferecer e o que nós, cristãos, podemos fazer para ajudá-las a ter melhor qualidade de vida?

Grupo 4 – Pobres.

- Quais situações podem levar e manter uma população na pobreza (não esqueçam de considerar as políticas públicas)?
- Quais dificuldades essas pessoas podem encontrar relacionadas à/ao: saúde e prevenção de doenças, acesso a saneamento básico, escolaridade e vida profissional, vulnerabilidade social e violência, conhecimento de seus direitos e exercício da cidadania?
- Quais preconceitos essas pessoas enfrentam?
- O que a sociedade poderia oferecer e o que nós, cristãos, podemos fazer para ajudá-las a ter melhor qualidade de vida?

Grupo 5 – Comunidade LGBT.

- Por que as comunidades de gays, lésbicas, bissexuais, travestis, transexuais e transgêneros podem ser consideradas marginalizadas?
- Quais dificuldades essas pessoas podem encontrar relacionadas à/ao: segurança, saúde, vida escolar e profissional, representatividade, vida familiar e social?

- Quais preconceitos essas pessoas enfrentam?
- O que a sociedade poderia oferecer e o que nós, cristãos, podemos fazer para ajudá-las a ter melhor qualidade de vida?

Grupo 6 – Pessoas que cometeram crimes.

- Quais razões levam as pessoas a se envolverem na criminalidade?
- Quais dificuldades essas pessoas podem enfrentar:
  - Se estão presas?
  - Se estão em liberdade após o cumprimento da pena?
- Estas dificuldades podem levá-las a voltar a praticar crimes?
- Quais preconceitos essas pessoas enfrentam?
- O que a sociedade poderia oferecer e o que nós, cristãos, podemos fazer para ajudá-las a ter melhor qualidade de vida?

Grupo 7 – Mulheres vítimas de violência.

- Por que, apesar de ser um público assegurado por direitos e políticas públicas, podemos considerá-lo marginalizado?
- Reflitam sobre os diferentes tipos de violência contra a mulher (psicológica, física, sexual, assédio moral...) e quais consequências podem gerar a ela. Avaliem se essas consequências retroalimentam sua vulnerabilidade à violência.
- Quais dificuldades essas mulheres podem encontrar relacionadas à/ao: cultura do estupro, segurança (especialmente no caso de denúncia da violência), garantia de direitos, saúde, vida escolar e profissional, vida familiar e social, motivação e perfil dos agressores?
- Quais preconceitos elas enfrentam?
- O que a sociedade poderia oferecer e o que nós, cristãos, podemos fazer para ajudá-las a ter melhor qualidade de vida?

Depois que os grupos refletiram sobre os tópicos entregues, abrir a cartolina ou o papel Kraft com o título "Como Jesus, vamos ao encontro dos que precisam". É importante que o catequista seja o primeiro a apresentar a sua população marginalizada:

Catequista – Crianças e adolescentes abrigados.

- Falar sobre as situações que podem levar crianças e adolescentes a serem retirados de seus lares para viverem em instituições de acolhimento (vítimas de abandono, negligência, maus-tratos, abuso sexual, vulnerabilidade social e/ou de pais usuários de drogas, incapazes de cuidá-los e protegê-los).
- Mencionar que as instituições de acolhimento recebem crianças e adolescentes encaminhadas pelas autoridades para adoção ou para permanecerem ali temporariamente, até sua família de origem ter condições para educá-los e cuidá-los apropriadamente.
- Isso quer dizer que crianças e adolescentes numa instituição de acolhimento podem estar à espera de uma nova família ou à espera de retornar para sua família de origem. Durante essa espera (que pode ser de longos anos), a Justiça pode determinar que a família de origem realmente não pode mais se responsabilizar por uma criança ou um adolescente, colocando-a(o) disponível para adoção. Nem sempre há aceitação por parte da criança ou do adolescente sobre esse processo, porque – ao longo do tempo – pode ter mantido a esperança de voltar para a família de origem com a qual, apesar

dos pesares, ainda existia um vínculo. Às vezes, essa criança ou esse adolescente simplesmente quer retornar para o que já conhece, mesmo sob condições de violência ou negligência. Teme a rejeição, sente-se inseguro devido à rotatividade dos voluntários e funcionários da instituição de acolhimento e não sabe o que esperar, porque não teve qualquer outro referencial de família.

- Outra dificuldade reside no fato de que, por ter esperado muito tempo pela decisão da Justiça, as chances de uma adoção tardia são reduzidas. A maioria das famílias busca por crianças de até quatro anos. Muitos permanecem em instituições de acolhimento até alcançarem a maioridade, sem nunca conhecerem realmente o que é pertencer a uma família capaz de oferecer um ambiente seguro, estruturado e afetivo.
- Outras dificuldades que podem ser citadas: prejuízo no vínculo afetivo, dificuldade em socializar, dificuldades e distúrbios de aprendizagem...
- Mencionar os preconceitos que crianças e adolescentes em situação de acolhimento enfrentam, especialmente na vida escolar, profissional e social.
- Enumerar o que a sociedade poderia oferecer e o que nós, cristãos, podemos fazer para ajudá-los a ter melhor qualidade de vida (voluntariado, doações de roupas, livros, material escolar e brinquedos, programas de apadrinhamento e família acolhedora, atividades culturais...).

Depois de o catequista apresentar seu público marginalizado, colar a imagem que o representa na cartolina e pedir que o grupo 1 prossiga. A cada apresentação, tecer comentários e incentivar que os colegas façam perguntas e participem. Pedir, então, que a imagem entregue seja colada no cartaz.

Ao final da atividade, apresentar o cartaz completo e pedir que todos leiam em voz alta seu título: "Como Jesus, vamos ao encontro dos que precisam". Dizer que estas são apenas algumas das pessoas que precisam de nós. Há muitas outras: os refugiados, os viciados em drogas, os enfermos... qualquer pessoa que, por sua condição, tiver suas necessidades ignoradas pelos governantes e pela sociedade. Nós, como cristãos, devemos oferecer nossos dons a favor do próximo e ajudá-lo a recuperar sua dignidade de ser humano.

Conclusão: Concluir pedindo para que os catequizandos façam as atividades propostas no Diário Espiritual. Explique que, no Diário, serão convidados a analisar como este encontro pode ajudá-los a entender que Jesus deixou-nos como legado continuar a sua missão de ajudar as pessoas a viver com a dignidade de filhas de Deus. Pedir para que escrevam e tragam o Diário no próximo encontro para partilhar.

Oração final: Ao redor da Mesa da Palavra, motivar os catequizandos a formularem orações e preces por todos os pobres, abandonados e marginalizados, e também para o arrependimento e conversão dos pecadores. Em seguida, convidar a todos a rezarem o Pai-nosso e concluir com a oração:

Ó Deus, fortalecei-nos todos os dias para não cedermos à cultura da indiferença. Mantenha nossos corações e olhos abertos às necessidades do próximo, iluminando nossas vidas para reconhecermos o que podemos fazer uns pelos outros. Por Cristo nosso Senhor. Amém.

No final da oração, o catequista impõe as mãos sobre a cabeça de cada catequizando e traça o sinal da cruz em sua fronte dizendo: *"Vá em paz, ...N..., que o Senhor fortaleça seu pensar e agir para ajudar as pessoas a viverem com dignidade"*.

Material de apoio

Sobre crianças e adolescentes em situação de abrigo, sugere-se a leitura dos artigos:

- Acolhimento familiar cresce no Brasil como alternativa a abrigos e casas-lares: <http://www.semprefamilia.com.br/acolhimento-familiar-cresce-no-brasil-como-alternativa-a-abrigos-e-casas-lares/>.
- CNJ serviço – entenda o que é suspensão, extinção e perda do poder familiar: <http://www.cnj.jus.br/noticias/cnj/80757-cnj-servico-entenda-o-que-e-suspensao-extincao-e-perda-do-poder-familiar>.
- 87% das crianças e adolescentes de abrigos não podem ser adotados: <http://www.gazetadopovo.com.br/vida-e-cidadania/87-das-criancas-e-adolescentes-de-abrigos-nao-podem-ser-adotados-2t0aywrhrzif6qo711j3q7cy6>.
- Brasil tem 47 mil crianças em abrigos, mas só 7.300 podem ser adotadas: <https://oglobo.globo.com/sociedade/brasil-tem-47-mil-criancas-em-abrigos-mas-so-7300-podem-ser-adotadas-21384368>.
- Como é a vida de crianças e adolescentes nos abrigos? <http://www.turminha.mpf.mp.br/direitos-das-criancas/convivencia-familiar-e-comunitaria>.
- Eles não querem ser adotados: <http://www.clicrbs.com.br/sites/swf/pio_querem_adocao/index.html>.

Sugere-se, também, a leitura sobre o que é Pastoral Social da Igreja Católica (disponível em: <www.dhnet.org.br/dados/cartilhas/dht/cartilha_pastoral_social.pdf>

Ainda, na cartilha "A Missão da Pastoral Social", publicada pelas Edições CNBB, é possível identificar: a missão e identidade da Pastoral Social proposta pela Igreja, os sujeitos, as Pastorais Sociais na CNBB... Essa cartilha pode ser acessada na seção Publicações -> Downloads, disponível em <http://www.cnbb.org.br/arquivo/>.

15° Encontro

Cultura da Paz

Palavra inicial: Neste encontro o objetivo é auxiliar o catequizando a compreender que o cristão deve procurar sempre agir a favor da paz, evitando retribuir o mal com o mal.

Preparando o ambiente: Ambão com toalha da cor do tempo litúrgico, velas e Bíblia. Para a atividade, dividir os catequizandos em duplas. Será necessário dar a cada dupla uma frase a ser refletida em sua relação com a cultura da paz. Sugerem-se:

1. "Elogie em público e oriente em particular. Um sábio orienta sem ofender, e ensina sem humilhar." (Mário Sérgio Cortella)
2. "Apenas os que dialogam podem construir pontes e vínculos." (Papa Francisco)
3. "Não sou nem otimista, nem pessimista. Os otimistas são ingênuos, e os pessimistas amargos. Sou um realista esperançoso. Sou um homem da esperança. Sei que é para um futuro muito longínquo. Sonho com o dia em que o sol de Deus vai espalhar justiça pelo mundo todo." (Ariano Suassuna)
4. "Ela acreditava em anjos e, porque acreditava, eles existiam." (Clarice Lispector)
5. "A realidade pode mudar, o homem pode mudar. Procurem ser vocês os primeiros a praticar o bem, a não se acostumarem com o mal e sim vencê-lo." (Papa Francisco)
6. "Amor pra mim é ser capaz de permitir que aquele que eu amo exista como tal, como ele mesmo. Isso é o mais pleno amor. Dar a liberdade dele existir ao meu lado do jeito que ele é." (Adélia Prado)
7. "A ofensa é um fracasso pessoal." (Leandro Karnal)
8. "As opiniões são como os pregos; quanto mais se martelam, mais se enterram." (Alexandre Dumas Filho)
9. "Às vezes, a única coisa verdadeira num jornal é a data." (Luis Fernando Veríssimo)
10. "A capacidade de problematizar significa a condição que se tem de perguntar por que certo princípio deve triunfar sobre outro." (Clóvis de Barros Filho)
11. "A comunicação pela metade faz mal." (Papa Francisco)
12. "O mundo é como um espelho que devolve a cada pessoa o reflexo de seus próprios pensamentos. A maneira como você encara a vida é que faz toda diferença." (Luis Fernando Veríssimo)
13. "Gente que concorda contigo o tempo todo ou não gosta de você, ou não te respeita, ou 'tá se preparando pra te derrubar. Gente que gosta de você discorda de você quando é necessário. Gente que te respeita discorda de você quando é necessário. (...) Claro que você não pode conviver com alguém que só discorde, mas alguém que só concorde te deixa envelhecer. (...) Preste atenção em quem discorda de você de modo respeitoso (...), pode te auxiliar imensamente a superar, inovar e transformar." (Mário Sérgio Cortella)
14. "Feliz é aquele que consegue enxergar na alegria dos outros o resultado de suas ações." (Clóvis de Barros Filho)
15. "Pessoas elevadas falam de ideias; pessoas medianas falam de fatos; pessoas vulgares falam de pessoas." (Leandro Karnal)
16. "Lutar pela igualdade sempre que as diferenças nos discriminem; lutar pelas diferenças sempre que a igualdade nos descaracterize." (Boaventura de Souza Santos)

Acolhida: O catequista acolhe os catequizandos saudando-os com o dizer: *"Sempre escolha a paz, ...N..., seja bem-vindo"*. Na sala, saúda a todos mais uma vez desejando-lhes boas-vindas.

Recordação da vida: O catequista convida os catequizandos a ficarem de pé ao redor da Mesa da Palavra para o momento de recordação da vida e oração inicial.

Motivar a recordar o encontro anterior sobre fazer parte da nossa missão, como cristãos, ir ao encontro de quem precisa como Jesus faria. Poderão comentar, também, os acontecimentos importantes que possam ter ocorrido na vida da comunidade.

NA MESA DA PALAVRA

Oração inicial: O catequista prossegue com a oração, pedindo a Deus que ilumine nosso entendimento sobre as situações e o convívio com as pessoas, de modo que sempre atuemos a favor da paz e motivemos o respeito mútuo. Em seguida conclui invocando o Espírito Santo rezando ou cantando.

O catequista convida um catequizando para se dirigir ao ambão e proclamar o texto indicado.

Leitura do texto bíblico: 1Ts 5,14-15.

Depois de um período de silêncio, o catequista lê o texto novamente, desta vez pausadamente, destacando alguns pontos do texto.

> *...admoesteis os indisciplinados, animeis os desaminados, [...] sejais pacientes com todos. Cuidai que ninguém pague o mal com o mal, mas procurai sempre o bem...*

O catequista convida a todos a sentarem ao redor da Mesa da Partilha.

NA MESA DA PARTILHA

Pedir aos catequizandos abrirem suas Bíblias no texto proclamado para uma leitura silenciosa. Depois estimulá-los a partilhar o que compreenderam do texto, sobretudo do último versículo: "Cuidai que ninguém pague o mal com o mal, mas procurai sempre o bem uns dos outros e de todos".

Conversar sobre ser natural nos relacionamentos a presença de conflitos. Quando há opiniões opostas, experiências diferentes e/ou referências distantes umas das outras, as pessoas tendem a encontrar dificuldade para dialogar respeitosamente. Sentem-se diretamente ofendidas quando contrariadas.

A contrariedade, no entanto, nada mais é do que um resultado do encontro entre a singularidade de cada pessoa. Quando deixamos os ânimos aflorarem, corremos o risco de transformar a contrariedade na motivação para agredir o outro, e essa não é a postura que se espera de um cristão.

Relembrar o texto bíblico, que descreve as atitudes esperadas de nós em relação ao próximo. O último versículo, em especial, se refere à maturidade de cultuar a paz ao invés do mal. Conversar sobre o que seria construir uma "cultura da paz". Dizer que, em nossa sociedade, muitas culturas se desenvolvem e cada uma delas tem o poder de influenciar pessoas. Pode-se citar, para fazer uma comparação, a cultura do consumo, que nos leva a adquirir hábitos de aquisição e descarte de bens sem sequer estarmos realmente conscientes a respeito disso. Quando vemos, nossas lixeiras estão entupidas e nossos armários lotados de coisas que certamente não são totalmente necessárias.

A "cultura da paz" funciona de modo semelhante, pois às vezes nossas ações são como a aquisição de bens: agimos sem estarmos realmente conscientes a respeito dos fatos, sem dar tempo a nós mesmos de pensar sobre a situação e de vê-la na perspectiva do outro. Explicar que a cultura da paz se constrói e mantém a partir de atitudes como: mediar conflitos, respeitar e dialogar com as diferenças, proteger a dignidade dos envolvidos e perdoar as falhas cometidas. Trata-se de não se deixar levar pela situação, mantendo-se emocionalmente maduro para avaliar o que é de interesse de cada pessoa.

Por exemplo: na Índia, as vacas são sagradas devido às crenças do Hinduísmo que representa cerca de 80% da população. No Ocidente, comemos carne bovina sem problemas (exceto os vegetarianos e afins). Esse animal possui valores diferentes em ambos os contextos. Não podemos compará-los de modo igual, pois são essencialmente distintos. Aos hindus trata-se de uma crença espiritual, aos ocidentais trata-se de uma dieta alimentar. Embora o objeto "vaca" seja o mesmo, o valor agregado a ela opõe-se um ao outro em culturas tão diferentes. Essas diferenças dialogam quando vamos visitar a Índia. Uma vez lá, deveremos prestar respeito às crenças daquele povo. Se recebemos um indiano em nosso lar, igualmente vamos ser cuidadosos para não oferecer a ele carne bovina no jantar. Podemos não ter os mesmos valores, mas ao respeitá-los dedicaremos também respeito à pessoa que os carrega.

> Essa é a "cultura da paz": dedicar-se a evitar e solucionar os conflitos através do diálogo e do respeito às diferenças. Isso implica sempre optar por não ofender, não ferir a dignidade do próximo, não humilhar ou ridicularizar, não agir com violência; cuidar com as palavras; prestar atenção para não expor as pessoas a situações constrangedoras.

Comentar, por exemplo, que há pessoas que possuem o péssimo hábito de fazer comentários sobre as fragilidades do outro quando estão em grupo, expondo situações passadas e superadas. Agir assim é um ato de violência velado que pode gerar um conflito, além de ferir a dignidade do outro, pois sugere que o erro da pessoa é mais marcante que sua mudança. Ainda, a "cultura da paz" envolve proteger a vida, fortalecer os direitos e incentivar o crescimento pessoal dos envolvidos.

Nesse momento pode-se dizer que às vezes, devido ao ânimo acirrado pelos conflitos, basta "um cachorro" para eclodir uma guerra. Apresentar como curiosidade "A Guerra do Cachorro Fujão", que deixou mais de 40 pessoas mortas e feridas. Em 1925, Bulgária e Grécia viviam relações pouco diplomáticas. Nesse ano, o cachorro de um soldado grego fugiu e atravessou a fronteira, entrando em território búlgaro. O soldado em questão correu atrás do cão e foi morto por uma sentinela búlgara. As tropas gregas, devido a isso, invadiram a Bulgária e a guerra apenas cessou depois da intervenção da Liga das Nações. A Bulgária, mais tarde, anunciou que o confronto foi gerado por "um mal-entendido", emitiu um pedido oficial de desculpas, puniu os responsáveis e pagou uma generosa indenização às famílias das vítimas. O cachorro foi apenas o "estopim" para várias vidas se perderem sem a possibilidade de retorno.

Conversar sobre a postura de Jesus no processo de construção da paz explorando que, em Mt 5,39, aprendemos que não devemos combater o mal com o mal, ou seja, é preciso evitar "dar o troco". É necessário, ao invés disso, dar a outra face. Ainda, na cena de Jo 18,11a, Jesus pede a Pedro para não o defender com violência solicitando que guardasse a espada. Em situações difíceis é preciso manter a calma e agir com prudência, pois uma atitude agressiva ou impulsiva pode ser o estopim para abrir uma gama de desentendimentos infinitos, além de ferir irremediavelmente o próximo.

Afirmar que, como cristãos, nós somos agentes da paz. Cabe a nós reconhecer que a raiva, o desentendimento, o preconceito e as diversas formas de violência podem causar consequências desastrosas para as pessoas, colocando em risco suas vidas e fortalecendo a desigualdade de poder. Nossa postura diante do outro deve refletir este compromisso. Orientar para a atividade.

---- ATIVIDADE ----

Dividir os catequizandos em duplas. Entregar a cada dupla uma frase para que reflitam sobre sua relação com a "cultura da paz" (sugeridas no item *Preparando o ambiente*).

Cada dupla deverá ler sua frase e apresentar sua conclusão a respeito dela. Incentivar que os colegas façam comentários a respeito da apresentação de cada dupla e oferecer *feedback*.

Ao final, mencionar que as diferenças nunca devem ser combatidas, porque fazem parte de quem somos. Combatemos, sim, as desigualdades e as injustiças. Ao cultuar a paz, exercitamos a empatia para colocar-nos no lugar do outro e enxergar as circunstâncias sob seu ponto de vista. Dessa forma, poderemos melhor entendê-lo para respeitá-lo. Não se pode promover a paz desconsiderando um dos lados da situação, devemos sempre ter uma ampla perspectiva que abrace o que é de valor para cada pessoa.

Relembrar o texto bíblico e dizer ser sempre um exercício de paciência a opção consciente pelo bem.

Conclusão: Finalizar pedindo para que os catequizandos façam as atividades propostas no Diário Espiritual. Explicar que, no Diário, serão convidados a analisar como este encontro pôde colaborar para compreender que o cristão é um agente da paz no mundo, construindo pontes de diálogo entre as pessoas e fortalecendo a irmandade que nos une. Pedir para que escrevam e tragam o Diário no próximo encontro para partilhar.

Oração final: Convidar os catequizandos a ficarem em pé ao redor da Mesa da Palavra. Convidá-los a elevarem preces e orações a favor da paz. Concluir rezando o Pai-nosso e a oração:

> *Ó Deus, fortalecei nosso espírito para encarar as dificuldades de um modo maduro, sem perder de vista a paz que desejamos sempre preservar e construir. Que possamos ser agentes de paz no mundo entre os irmãos que se desentendem, entre as diferenças que se excluem e entre as opiniões que se ofendem. Por Cristo nosso Senhor. Amém.*

No final da oração, o catequista impõe as mãos sobre a cabeça de cada catequizando e traça o sinal da cruz em sua fronte dizendo: *"Vai em paz, ...N...! Que o Senhor ilumine seu pensar e agir para saber solucionar os conflitos através do diálogo e do respeito às diferenças".*

Material de apoio

Sugere-se a leitura de "A não-violência: estilo de uma política para a paz", mensagem do Papa Francisco para a celebração do 50º Dia Mundial da Paz, escrita em 1º de janeiro de 2017. Disponível em: <http://w2.vatican.va/content/francesco/pt/messages/peace/documents/papa-francesco_20161208_messaggio-l-giornata-mondiale-pace-2017.html>.

Pode-se ler também, no YOUCAT Brasil, os itens "O que é a paz?" (n. 395), "Como lida um cristão com a ira?" (n. 396), "O que pensa Jesus sobre a não-violência?" (n. 397) e "Devem os cristãos ser pacifistas?" (n. 398).

16º Encontro
O perdão na vida do cristão

Palavra inicial: O objetivo do encontro é auxiliar o catequizando a entender que perdoar reflete o coração compassivo e amoroso do cristão, além de fortalecer o relacionamento com Deus.

Preparando o ambiente: Ambão com toalha da cor do tempo litúrgico, velas e Bíblia. Para a atividade, entregar a cada catequizando uma folha de papel sulfite e caneta.

Acolhida: O catequista acolhe os catequizandos saudando-os com o dizer: *"Perdoai como Jesus vos perdoou, ...N..., seja bem-vindo"*. Na sala, saúda a todos mais uma vez desejando-lhes boas-vindas.

Recordação da vida: O catequista convida os catequizandos a ficarem de pé ao redor da Mesa da Palavra para o momento de recordação da vida e oração inicial.

Motivar a recordar o encontro anterior sobre atuar como agente da paz e, assim, viver o compromisso cristão de defesa à dignidade da vida. Poderão comentar, também, os acontecimentos importantes que possam ter ocorrido na vida da comunidade.

NA MESA DA PALAVRA

Oração inicial: O catequista prossegue com a oração, pedindo a Deus que nos ajude a perdoar a nós mesmos e a quem nos ofende, de modo a viver o arrependimento e a compaixão como Jesus nos ensinou. Em seguida conclui invocando o Espírito Santo rezando ou cantando.

O catequista convida um catequizando para se dirigir ao ambão e proclamar o texto indicado.

Leitura do texto bíblico: Cl 3,12-15a.

Depois de um período de silêncio, o catequista lê o texto novamente, desta vez pausadamente, destacando alguns pontos do texto.

> ...revesti-vos de sentimentos de carinhosa compaixão, bondade, humildade, mansidão, paciência. Suportai-vos uns aos outros e perdoai-vos mutuamente toda vez que tiverdes queixa contra alguém. Como o Senhor vos perdoou, assim perdoai também vós [...] revesti-vos do amor [...] E a paz de Cristo reine em vossos corações.

O catequista convida a todos a sentarem ao redor da Mesa da Partilha.

NA MESA DA PARTILHA

Orientar para relerem em silêncio o texto bíblico pausadamente e destacar o versículo 13: "Suportai-vos uns aos outros e perdoai-vos mutuamente toda vez que tiverdes queixa contra alguém. Como o Senhor vos perdoou, assim perdoai também vós". Conversar sobre o que significa "suportar uns aos outros". Mencionar que "suportar" pode ser compreendido em sentidos distintos, porém algumas vezes complementares: 1) tolerar o que no outro nos incomoda e 2) oferecer suporte nos momentos de necessidade.

Dizer que o texto bíblico deste encontro nos convida à prática do perdão como ensinamento de Jesus deixado àqueles que o seguem. Como Ele nos perdoou, libertando-nos do pecado e permitindo que comungássemos do amor de Deus, assim também devemos perdoar e libertar da culpa aqueles que nos ofendem, permitindo-lhes restaurar a sua dignidade de irmãos em Cristo.

Quando perdoamos, portanto, oferecemos ao próximo condições para superar os próprios erros. O perdão nos faz vê-lo por inteiro, além de suas falhas. Ao perdoar igualmente superamos nossa mágoa, decepção ou raiva pela ofensa que nos atingiu e, indo ao encontro do próximo, podemos também nos reconciliar e viver a paz e o equilíbrio emocional.

O perdão, no entanto, nem sempre é fácil. Nem sempre quem nos ofende percebe tê-lo feito. Conversar sobre, nestes casos, ser necessário colocar-nos em diálogo com o outro para, com honestidade, expressar nossos sentimentos e explicar o que nos fez sentir ofendidos. Esse diálogo deve, sobretudo, ser respeitoso e aberto a entender o ponto de vista do outro, mesmo quando diferente do nosso. Isso porque devemos considerar que, às vezes, o que entendemos como ofensa pode não ter igual valor ao outro. Por isso o outro pode ter dificuldade em assumir seu erro porque, em primeiro momento, não o considera assim, ou seja, não se percebe errando. Não consegue perceber a nossa sensibilidade e fragilidade diante de algo que nos atinge e ofende.

Neste diálogo, da mesma forma que queremos que o outro interprete nossos sentimentos adequadamente, devemos estar dispostos a interpretar as razões e motivações dele. Somente conhecendo o que levou alguém a agir de determinado modo é que podemos restaurar a confiança da relação, caso contrário sempre temeremos sair feridos novamente. E isso prejudicará o vínculo que nos une, da mesma forma que prejudicará libertar a nós mesmos da mágoa que amarga nossos corações. Nesse contexto, então, o diálogo que buscamos não pode ser usado para lançar sobre o outro nossa decepção ou raiva numa postura defensiva, reativa ou punitiva. Pelo contrário, deve ser uma nova oportunidade para que, entendendo o outro e esclarecendo como nos sentimos, possamos renovar a relação e restaurar a paz.

E quando o outro, além de não perceber que nos ofendeu, também não se arrepende de tê-lo feito? E quando, depois de procurá-lo para um diálogo franco, nos sentimos novamente ofendidos por não sermos levados a sério? Conversar a respeito desse desafio ao cristão e acolher as opiniões que surgirem. Orientar sobre o perdão não depender, necessariamente, do arrependimento de quem nos ofende. O perdão, para o cristão, foi-nos ensinado por Jesus quando – de forma gratuita – morreu por nossos pecados e libertou-nos para que pudéssemos restaurar nossa relação de intimidade com Deus Pai. Jesus ensinou-nos o perdão em sua gratuidade e nos deixou como legado saber perdoar até os que consideramos inimigos, amando ao próximo como a nós mesmos. É por isso que, conforme o texto bíblico nos diz, precisamos nos revestir de "sentimentos de carinhosa compaixão, bondade, humildade, mansidão, paciência" (Cl 3,12) ao perdoar alguém. Nós devemos fazê-lo porque o esforço em ver o próximo além de suas fragilidades, de seus erros e de suas ofensas é o que nos permite viver os ensinamentos de Jesus.

Ainda, quando o perdão é vivido de modo sincero, vale dizer que não nos limitamos a considerar apenas o outro como responsável por nos ofender. De modo maduro, vemos também a nossa participação na situação ofensiva. O que fizemos ou deixamos de fazer, o que dissemos ou deixamos de dizer pode servir como motivação para a ofensa ou, ainda, pode influenciar a situação na qual a ofensa ocorreu. Reconhecer nosso papel ativo nas relações, assim como os caminhos que trilhamos devido às nossas escolhas, é importante para que o perdão seja vivido de forma justa e direcionada a todos os envolvidos.

Conversar, então, sobre as dificuldades de perdoar a si mesmo quando nos reconhecemos responsáveis pelo sofrimento de alguém ou quando igualmente percebemos que, direta ou indiretamente, colaboramos para que algo nos atingisse. Podemos tê-lo feito ao provocar uma situação por algum comentário ou atitude, ou ainda ao nos omitir e silenciar deixando mal-entendidos surgirem. Nem sempre é fácil conviver com nossas más escolhas. Às vezes, incapazes de reconhecer quão profundamente erramos, e desejosos de esquecer o que nos faz mal, acabamos nos afastando do amor de Deus e evitamos encarar nossos próprios sentimentos com coragem e compaixão. Muitos preferem viver à sombra de suas mágoas, de seus ressentimentos e de seus medos a se voltarem para o Senhor e, à luz do seu amor, perdoarem a si mesmos e àqueles que o ofenderam.

Orientar para a atividade.

ATIVIDADE

Entregar a cada catequizando uma folha de papel sulfite e uma caneta. Dizer que este é um momento de corajosa expressão pessoal dos seus próprios sentimentos. Pedir que escrevam nesta folha, sem se identificarem, um depoimento sobre o perdão. Deverão compartilhar um momento no qual perdoaram a si mesmos e/ou a alguém, ou uma situação na qual ainda não conseguiram perdoar e o porquê, ou ainda algo pelo qual se arrependem e gostariam de pedir perdão ou já o fizeram. Dizer que, ao final, nós embaralharemos os depoimentos e leremos alguns deles ao grupo.

Depois de escreverem seu depoimento, tal como informado ao grupo, embaralhá-los e entregar um para cada catequizando. Pedir que, em silêncio, leiam o depoimento que apanharam. Perguntar para meditarem consigo mesmos:

- Como você se sentiria no lugar dessa pessoa?
- Qual foi a experiência de perdão vivida por essa pessoa?
- Se ela perdoou, como foi? Se não perdoou, por que sente dificuldade em fazê-lo?
- Você perdoaria se estivesse no lugar dessa pessoa?
- O que você diria a essa pessoa agora?

Orientar para que, um a um, os catequizandos leiam para o grupo o depoimento sobre o qual refletiram e, então, pedir que expressem suas conclusões. Incentivar que o leitor e o grupo digam algo à pessoa autora do depoimento: uma mensagem de compaixão, de suporte, de empatia. Aproveitar cada depoimento para amadurecer a conversa sobre o perdão.

Pode-se dizer, por exemplo, que perdoar implica não mais trazer à tona a ofensa como meio de ferir o próximo. Devemos superar a situação ofensiva para, com sinceridade, restaurar a paz da relação. Essa é a reconciliação que o perdão traz. No entanto isso não quer dizer que, ao perdoar, devemos manter a relação a qualquer custo. Sabemos que há relações que se tornam insustentáveis por vários motivos e, mesmo quando perdoamos e nos sentimos em paz novamente com a pessoa que nos ofendeu, não precisamos retomar com ela, igualzinho, o que vivíamos. Isso seria forçar uma situação que precisa de tempo para se restabelecer. Por isso é preciso que, também, saibamos permitir que a pessoa arrependida se aproxime ao invés de evitar o contato a todo custo, pois essa postura revelaria que, na verdade, não perdoamos como pensávamos.

O perdão é uma expressão do amor ao próximo que aprendemos com Jesus. É, sobretudo, uma forma de libertar a nós mesmos e o outro da mágoa, da raiva, da culpa e da decepção. Por isso, o perdão é um processo. Mesmo quando parece "simples" e "imediato", ao ser praticado com responsabilidade, é certamente resultado de um grande trabalho pessoal e espiritual. É uma atitude que nos aproxima de Deus porque reflete nosso seguimento a Cristo, que entregou sua vida para que nossos pecados fossem perdoados.

Dizer que perdoar não é necessariamente esquecer, mas tirar da memória da ofensa sua essência amarga, que magoa e ressente a cada vez que volta à tona. Perdoar, portanto, é permitir a nós mesmos e ao outro restaurar a dignidade e confiança para seguir em frente. Perdoando dessa forma, assim como o texto bíblico diz, podemos nos revestir do amor e deixar a paz de Cristo reinar em nossos corações (Cl 3,14-15).

Concluir conversando sobre como o arrependimento é nobre, porque nos deixa envergonhados pelo que fizemos e nos faz dispostos a reparar nossos erros. Mesmo quando não sabemos como consertar as coisas, arrepender-se é um passo importante para nos reaproximarmos da verdade e do bem. É o arrependimento pelos nossos pecados que fortalece nossa relação com Deus, porque Ele nunca cansa de nos perdoar quando vê a sinceridade do nosso coração.

Ao final do encontro, recolher os depoimentos para evitar deixá-los disponíveis a outras pessoas.

Conclusão: Pedir para que os catequizandos façam as atividades propostas no Diário Espiritual. Explicar que, no Diário, serão convidados a analisar como este encontro ajudou-os a perceber a importância de perdoar a si mesmo e ao próximo como expressão do amor de Deus, seguindo o ensinamento de Jesus Cristo. Pedir para que escrevam e tragam o Diário no próximo encontro para partilhar.

Oração final: Convidar os catequizandos a ficarem em pé ao redor da Mesa da Palavra para a oração. Incentivá-los a formularem preces e orações de modo especial aos que eles precisam perdoar ou pedir perdão. Convidar a todos os catequizandos para rezarem o Pai-nosso e repetirem durante a oração a petição: *"Perdoai as nossas ofensas assim como nós perdoamos a quem nos tem ofendido"*. Concluir rezando:

> *Ó Deus, ensina-nos a perdoar nossos irmãos e a nós mesmos a cada vez que nos sentirmos tomados pela mágoa ou pelo ressentimento. Ajudai-nos a restaurar a dignidade do próximo libertando-o da culpa e vendo-o além de suas falhas; ajudai-nos a superar nossas próprias culpas pelas más escolhas para que possamos seguir em frente, libertando-nos do passado que nos aprisiona. Por Cristo nosso Senhor. Amém.*

No final da oração, o catequista impõe as mãos sobre a cabeça de cada catequizando e traça o sinal da cruz em sua fronte dizendo: *"Saiba perdoar-se e perdoar o seu próximo ...N..., vai em paz, que o Senhor te acompanhe"*.

 Sugere-se a leitura de "Santa Missa no Dia do Perdão do Ano Santo de 2000", homilia de João Paulo II realizada em 12 de março de 2000. Disponível em: <https://w2.vatican.va/content/john-paul-ii/pt/homilies/2000/documents/hf_jp-ii_hom_20000312_pardon.html>.

17° Encontro

Ser vocacionado

Palavra inicial: Este encontro intenciona levar os catequizandos a refletirem sobre todos nós termos uma vocação. A nossa primeira vocação é estar junto do Pai. Somos chamados a viver a vocação cristã, e esta deve ser vivida nas diversas dimensões da vida.

Preparando o ambiente: Ambão com toalha da cor do tempo litúrgico, vela e flores. Imagem ou foto de Jesus.

Acolhida: O catequista recebe os catequizandos saudando-os com o dizer "Nossa primeira vocação é estar junto a Deus, ...N...!", então os conduz para dentro da sala. Saúda a todos mais uma vez, desejando-lhes boas-vindas.

Recordação da vida: Ao redor da Mesa da Partilha ou da Palavra, o catequista convida a fazer uma retrospectiva da semana e do encontro anterior perguntando, de modo especial, como vivenciaram o dom do perdão durante os últimos dias. Motivar para que destaquem os acontecimentos importantes que possam ter ocorrido na vida da comunidade. O catequista poderá selecionar algumas questões do encontro anterior para motivá-los a falar sobre o que registraram no Diário e que possa contribuir com o grupo.

NA MESA DA PALAVRA

Oração inicial: Motivar a oração valorizando tudo o que foi mencionado na recordação da vida e para, juntos, invocarem o Espírito Santo.

O catequista orienta um catequizando para se dirigir até o ambão e proclamar o texto bíblico.

Leitura do texto bíblico: Rm 8,28-30.

Após alguns minutos de silêncio, o catequista lê o texto novamente, pausadamente, destacando alguns pontos relacionados ao que se deseja refletir no encontro.

> *...os predestinou a serem conformes à imagem de seu Filho [...] E aos que predestinou, também os chamou. E aos que chamou, também justificou. E aos que justificou, também os glorificou.*

O catequista convida a todos a sentarem ao redor da Mesa da Partilha.

NA MESA DA PARTILHA

Pedir aos catequizandos para abrirem suas Bíblias na passagem proclamada e convidar a uma leitura silenciosa. Pedir que comentem o que cada um compreendeu. Depois refletir dizendo que ser vocacionado faz parte da essência do ser humano. Todo homem e toda mulher foram, por Deus, chamados a realizar algo que somente cada um deles pode fazer.

Jesus tinha uma missão especial, que só Ele podia cumprir: por amor e obediência ao Pai, entregar a vida na cruz para nos redimir de todo o pecado e nos conduzir a Deus. Neste sentido, todo cristão é chamado, vocacionado, para participar da missão do Filho de Deus. Jesus quer nos unir a Ele na missão de promover o Reino de Deus no mundo – este que é justiça, paz e alegria –, e por isso nos dotou e chamou a viver uma vocação.

Vocação vem do latim "*vocare*", que significa "chamado". Deus chama e o homem, em sua liberdade, responde como deseja. E o primeiro chamado que Deus nos faz é de sermos semelhantes ao vosso Filho, à sua imagem como afirma o texto bíblico deste encontro.

Mas o que é ser à imagem e semelhança de Deus? O catequista mostra a imagem de Jesus e convida os catequizandos a olharem, então diz: É importante saber que Deus, ao nos criar, usou como modelo e fôrma o seu próprio Filho. Por isso somos à Sua imagem e semelhança. E isso deve ser refletido também em nossas ações, em nossos gestos cotidianos, em toda a nossa vida. Nossa primeira vocação, portanto, a vocação de todo ser humano, é a santidade, é o céu, é sermos filhos e filhas de Deus seguindo o exemplo e os ensinamentos deixados por Jesus.

Conscientes de nossa primeira vocação, somos vocacionados, chamados a construir o Reino de Deus anunciando a Boa Nova, indo ao encontro dos mais necessitados, perdoando e sendo misericordiosos. O Papa Francisco lembra-nos da vocação de trabalhar pelo bem comum. A partir de nossa fé devemos nos comprometer com um país próspero, democrático, sem corrupção, socialmente igualitário, economicamente justo, ecologicamente sustentável, sem violência, discriminação, mentiras e com oportunidades iguais para todos. Somos chamados a gastar a nossa vida pelo próximo, pelo bem comum.

Somente conscientes da primeira vocação, a vocação comum de todo ser humano à qual Deus nos chamou, poderemos edificar o Reino cumprindo o mandato e a vontade do Pai. Neste contexto é que deve ser refletido e buscado descobrir nossa vocação específica, se nascemos para casar ou sermos celibatários, qual será nosso estado de vida (se sacerdote, religioso, leigo...). Esse, portanto, será um segundo passo que deverá ser iluminado pela nossa primeira vocação, fundamento de toda nossa vida. Descobrir a vocação é buscar a felicidade. Para descobrir nossa vocação, nossa felicidade, é preciso ter claro nosso fim último, nossa finalidade.

A vocação tem dois aspectos: aptidão para fazer algo e interesse, o que realmente nos preencha e satisfaça. Mas essa aptidão e interesse têm de me levar a viver, a cumprir minha finalidade.

O catequista poderá explorar o conceito de aptidão e exemplificá-la mencionando pessoas conhecidas. Depois, perguntar aos catequizandos o que eles têm aptidão para fazer, o que fazem e o que reconhecem terem vocação para desempenhar... E, em seguida, questionar o que eles fazem que realmente lhes dá sentido para a vida.

Depois de ouvi-los, ajudá-los a refletir sobre a nossa vocação ser o que norteará e poderá mudar nossas vidas e nosso jeito de ser. Para isso, é preciso ter clareza nos projetos e sentido sobre o que queremos para nossas vidas. Muitas vezes escolhemos um curso universitário ou um emprego ansiando apenas ter dinheiro além do necessário, como se somente com altos valores pudéssemos viver bem, ansiando fama, prestígio ou poder... Isso tudo apenas para obter um status que nos faça parecer superiores às outras pessoas. Porém essa motivação não nos preencherá por completo, é algo passageiro.

Conversar com os catequizandos sobre o que, uma vez alcançado, nos dará felicidade.

- Onde está a felicidade humana?
- O que viemos fazer nesse mundo?

Após algum tempo de conversa, destacar que é a nossa finalidade, nosso objetivo de vida e de ser humano que norteará a nossa vocação. Nossa escolha ou resposta deverá ter como base nossa fidelidade como homem e mulher, criados à imagem e semelhança de Deus, como cristãos e cristãs. Comentar que a finalidade de nossa vida resulta da dedicação que empregamos a algo. Assim, para responder ao chamado de Deus é preciso empregar esforços em algo que valha a pena, que nos permita ser felizes... Para isso, é necessário lembrar que a vida acontece com projetos relacionados ao sentido que damos para a nossa vida e a do próximo.

Na sequência propor que, considerando a nossa finalidade como filhos de Deus chamados à santidade, pensem e partilhem as seguintes questões: Quais são nossos projetos de vida? Nossos sonhos e anseios?

Após algum tempo encerre a reflexão convidando-os a dizer juntos:

> "Que nossa finalidade como filhos de Deus chamados à santidade ilumine nossas escolhas, a nossa vocação."

Conclusão: A vocação não se restringe a fazer algo, mas a exercer com eficácia uma missão. Esta pode dar-se em uma vida profissional, religiosa, matrimonial, em qualquer dimensão que Deus assim tenha escolhido, chamado.

Oração final: Ao redor da Mesa da Palavra encerrar com um momento de oração, incentivando-os a formularem pedidos e preces. Concluir com a oração:

> *Querido Pai do céu, hoje aprendemos que o Senhor nos chama e que nós temos a liberdade de respondê-lo. Aprendemos que, quando escolhemos ir ao encontro do seu chamado, podemos ser verdadeiramente felizes. Que possamos ser verdadeiros discípulos missionários do seu Reino, levando a sua Palavra para todas as pessoas. Por Cristo, nosso Senhor. Amém.*

Após a oração, o catequista impõe as mãos sobre a cabeça de cada catequizando e traça o sinal da cruz em sua fronte, dizendo: "...N..., à imagem e semelhança de Jesus, ide construir o Reino de Deus!".

18º Encontro

Ser cristão em tempo integral

Palavra inicial: O objetivo do encontro é auxiliar o catequizando a assumir que o compromisso cristão exige coerência e deve ser vivido em tempo integral, seja nos relacionamentos diários, na profissão escolhida, no respeito e amor dedicados ao próximo.

Preparando o ambiente: Ambão com toalha da cor do tempo litúrgico, velas e Bíblia. Para a dramatização, entregar uma folha sulfite, lápis e borracha para cada grupo. Ainda, disponibilizar recursos para enriquecer a dramatização. Preparar também a notícia "Homem que paga café para quem está atrás dele na fila salva vida de desconhecido" para apresentar aos catequizandos (disponível em: <http://razoesparaacreditar.com/gentilezas/homem-que-paga-cafe-atras-na-fila-salva-vida-de-desconhecido/>).

Acolhida: O catequista acolhe os catequizandos saudando-os com o dizer: *"Seja cristão em tempo integral, ...N..., bem-vindo"*. Na sala, saúda a todos mais uma vez desejando-lhes boas-vindas.

Recordação da vida: O catequista convida os catequizandos a ficarem de pé ao redor da Mesa da Palavra para o momento de recordação da vida e oração inicial.

Motivar a recordar o encontro anterior sobre o chamado de Deus para as nossas vidas, ou seja, sobre nossa vocação. Poderão comentar, também, os acontecimentos importantes que possam ter ocorrido na vida da comunidade.

NA MESA DA PALAVRA

Oração inicial: O catequista prossegue com a oração, pedindo a Deus que nos ajude a viver como cristãos em período integral, sendo coerentes com os valores e ensinamentos de Jesus, respondendo ao compromisso de nosso Batismo. Em seguida conclui invocando o Espírito Santo rezando ou cantando.

O catequista convida um catequizando para se dirigir ao ambão e proclamar o texto indicado.

Leitura do texto bíblico: 2 Pd 1,4-8.

Depois de um período de silêncio, o catequista lê o texto novamente, desta vez pausadamente, destacando alguns pontos do texto.

> *...nos foram dadas as mais preciosas e ricas promessas, para que [...] vos torneis participantes da natureza divina, fugindo da corrupção que, devido às paixões, existe no mundo.*

O catequista convida a todos a sentarem ao redor da Mesa da Partilha.

NA MESA DA PARTILHA

Pedir para os catequizandos abrirem suas Bíblias no texto proclamado e realizarem uma leitura silenciosa, depois estimulá-los a partilhar o que compreenderam. Dizer que os versículos orientam para uma vida "fugindo da corrupção" através do exercício das "qualidades" que nos aproximam e mantêm no caminho de Jesus.

Perguntar o que seria "fugir da corrupção" e acolher as respostas, comentando a respeito de como o mundo nos apresenta diariamente "oportunidades para agir de modo corrupto". Esclarecer que a corrupção nos leva a fazer escolhas que venham a facilitar a nossa vida, mas irresponsavelmente prejudicar os demais. Conversar sobre como, por causa de uma pessoa, outras tantas podem sofrer. Ressaltar as corrupções do dia a dia, aquelas escolhas "simples" que causam prejuízos menores e que muitas pessoas não levam a sério (exemplos: furar a fila, não devolver o troco errado, encontrar algo que não lhe pertence e não procurar o dono, falsificar a assinatura dos pais em bilhetes escolares, fazer o download de músicas, filmes e séries de modo ilegal...).

Dizer que muitos "cristãos" praticam a corrupção em menor ou maior proporção, escolhendo agir de modo compassivo e justo apenas quando lhes convém. Conversar sobre a bondade que fazemos não ser uma "moeda de troca" para o mal que cometemos. A incoerência de ir à Igreja, participar das pastorais e ajudar aos necessitados quando, ao mesmo tempo, mentimos e manipulamos, furtamos e enganamos nos torna "mornos" diante de Deus. Conversar sobre, no Reino de Deus, não existir espaço aos "mornos e frios" em suas intenções e atitudes. Pode-se mencionar a passagem de Ap 3,15-16 para fomentar a reflexão: "Conheço as tuas obras. Não és frio nem quente. Oxalá fosses frio ou quente. Mas porque és morno, nem frio nem quente, estou para vomitar-te de minha boca". É preciso, portanto, ser "quente" demonstrando qual é o seu caminho sendo percorrido, tornando-se para si mesmo e aos outros um modelo moral de quem, apesar das dificuldades, busca fazer o certo, o justo e o caridoso.

Conversar, então, sobre as "qualidades" que o texto bíblico ressalta. Perguntar: quais qualidades nos mantêm íntegros em nosso compromisso cristão? Problematizar relacionando estas qualidades à corrupção e indagar se é possível, ao verdadeiro cristão, ser justo, porém desonesto; ser leal, porém mentiroso; ser bom, porém manipulador; ser compassivo, porém preconceituoso. Mediar as respostas trazendo presente o texto bíblico do encontro. Orientar para a dramatização.

DRAMATIZAÇÃO

Dividir os catequizandos em grupos de aproximadamente quatro integrantes. Dos grupos que se formarem, indicar metade deles como A e a outra metade como B. Entregar a cada grupo uma folha de papel sulfite e pedir que:

- A metade A escreva uma cena que represente o "cristão morno" que persiste em fazer escolhas corruptas, apesar de também cumprir alguns dos ensinamentos de Jesus.
- A metade B escreva uma cena que represente o "cristão quente" que foge da corrupção e se mantém íntegro, apesar das tentações para escolher os caminhos mais fáceis.

Explicar que as cenas serão dramatizadas e pedir que escrevam o nome dos participantes do grupo no rodapé da folha. Orientar para que as cenas apresentem não apenas as atitudes do protagonista, mas a repercussão delas para si mesmo e para as pessoas (direta ou indiretamente). Depois que produzirem, recolher as folhas e embaralhá-las. Distribuir as cenas entre os grupos, pois cada grupo dramatizará uma cena produzida por outro. Se tiverem dúvida, poderão procurar os autores para esclarecimentos. Dar um tempo para se organizarem e disponibilizar recursos para a dramatização (perucas, paletós, boinas e bonés, cachecóis, armação de óculos de grau, óculos de sol, bengala...). A cada apresentação, problematizar as cenas e abrir para comentários. Conversar sobre o que se pode perceber nas cenas com relação ao texto bíblico e às reflexões desenvolvidas.

Ressaltar que a mensagem deste encontro é evitar ser "meio cristão". É importante assumir um compromisso em período integral, preocupando-se a todo o momento sobre qual é a nossa conduta e a repercussão das nossas escolhas no mundo. Conversar sobre os diferentes ambientes que o cristão frequenta (escolar, eclesial, comunitário, familiar, profissional...) e quão longe sua influência alcança. Dizer que somos todos importantes para o Reino de Deus e desempenhamos um papel especialmente dado a nós, dentro das nossas habilidades e insubstituível. Muitas vezes nem mesmo percebemos o quanto nossas pequenas atitudes, quando expressadas com sinceridade, podem ajudar os outros. Voltar ao texto bíblico destacando que, como cristãos, nossa meta para conseguir fazer o Reino de Deus acontecer consiste em praticar as virtudes cristãs unidas à nossa fé em Cristo Senhor.

Apresentar a notícia "Homem que paga café para quem está atrás dele na fila salva vida de desconhecido". Nela conhecemos Glenn Oliver, um senhor que sempre frequentava o mesmo drive-thru e costumava pagar o café para a pessoa atrás dele na fila. Como retribuição, apenas pedia ao caixa para desejar bom-dia à pessoa em questão. Fazia isso porque acreditava que poderia motivar as pessoas, mesmo que indiretamente, a serem mais gratas e solidárias umas com as outras. Certo dia, um desconhecido estava decidido a cometer suicídio, mas a bondade recebida ao ganhar um café o fez desistir da ideia. Sem saber quem lhe dera aquela mostra de gentileza, escreveu uma carta anônima para um jornal local dizendo como o gesto de um desconhecido o atingiu. Surpreso ao receber o café gratuito, ao invés de acabar com a própria vida, esse desconhecido decidiu também ajudar alguém. No mesmo dia, ajudou a vizinha a descarregar as compras e disse ter sido um dos melhores dias da sua vida. O jornal, então, encontrou Glenn Oliver e lhe contou o ocorrido. Ele se sentiu feliz por ter salvado a vida de alguém e disse não importar o que você faz pelo outro, desde que faça. Mesmo uma pequena ação pode melhorar o mundo.

Ao final, conversar a respeito da notícia motivando os catequizandos a avaliarem a repercussão de suas atitudes. Por vezes valorizamos apenas grandes feitos, acreditando que somos insignificantes ou incapazes de produzir alguma mudança relevante no mundo. Essa ideia, além de deprimir, pode desacreditar a missão que Jesus nos deixou. Acabamos caindo na armadilha de crer que pequenas atitudes, sejam boas ou más, não ajudarão nem prejudicarão alguém. Estamos duplamente enganados. Pequenas atitudes corruptas, como refletimos, podem provocar consequências desastrosas aos outros. Da mesma forma, pequenas atitudes que demonstrem as "qualidades" de ser cristão podem produzir mudanças e repercussões positivas como a que vemos nesta notícia.

Conclusão: Encerrar pedindo para que os catequizandos façam as atividades propostas no Diário Espiritual. Explicar que, no Diário, serão convidados a analisar como este encontro colaborou para que percebessem a importância de ser um cristão em tempo integral, sem se deixar seduzir pelas facilidades da corrupção. Pedir para que escrevam e tragam o Diário no próximo encontro para partilhar.

Oração final: Convidar os catequizandos a ficarem em pé ao redor da Mesa da Palavra, onde poderão formular orações e preces. O catequista convida a todos a rezarem o Pai-nosso e conclui com a oração:

> *Ó Deus, fortalecei nossos corações contra a sedução das facilidades da corrupção e ajudai-nos a viver como cristãos em tempo integral, sem nunca perder a oportunidade de fazer as escolhas certas, justas e solidárias. Que possamos avaliar a repercussão de nossas atitudes, dispondo-nos a melhorar sempre que possível a nós mesmos. Por Cristo nosso Senhor. Amém.*

No final da oração, o catequista impõe as mãos sobre a cabeça de cada catequizando e traça o sinal da cruz em sua fronte dizendo: " *Que você nunca perca a oportunidade de fazer as escolhas certas. Vai em paz, ...N...!* ".

Se desejar, pode-se apresentar o vídeo "Você gosta de café morno?", que traz uma cena do filme Quarto de Guerra – até o minuto 2:51 (disponível em: <http://razoesparaacreditar.com/gentilezas/homem-que-paga-cafe-atras-na-fila-salva-vida-de-desconhecido/>). A cena permite fomentar a discussão acerca da necessidade de um compromisso cristão de tempo integral.

19º Encontro

As vocações específicas

Palavra inicial: Deus chama homens e mulheres com vocações específicas para a missão de anunciar e edificar o Reino. A intenção deste encontro é trabalhar as vocações ao laicato, à vida sacerdotal, religiosa e missionária. Especificando a função e a missão de cada um, bem como, a título de exemplo, o carisma e a missão de algumas congregações religiosas.

Preparando o ambiente: Ambão com toalha da cor do tempo litúrgico, vela e flores. Imagens de leigos, famílias, presbíteros, religiosos e religiosas com os diversos hábitos e símbolos de congregações, ordens e institutos.

Acolhida: O catequista acolhe os catequizandos com o dizer: "Você tem uma vocação especial, ...N..., seja bem-vindo!". Na sala, saúda a todos mais uma vez, desejando-lhes boas-vindas.

Recordação da vida: Ao redor da Mesa da Partilha ou da Palavra, fazer uma breve recordação dos fatos ocorridos durante a semana. Ainda poderá lembrar o encontro passado e pedir para que destaquem quais condutas estão exercitando que expressam o seu compromisso de ser cristão em tempo integral.

NA MESA DA PALAVRA

Oração inicial: Motivar a oração valorizando tudo o que foi mencionado na recordação da vida. Depois convidar para invocar o Espírito Santo, cantando ou rezando.

O catequista convida um catequizando para se dirigir até o ambão e proclamar o texto indicado.

Leitura do texto bíblico: Jr 1,4-9.

Em seguida, após uns minutos de silêncio, o catequista lê novamente o texto, pausadamente, destacando alguns pontos.

> *Antes mesmo de te formar no ventre materno, eu te conheci; antes que nascestes, eu te consagrei e te constituí profeta para as nações...*

O catequista convida a todos a sentarem ao redor da Mesa da Partilha.

NA MESA DA PARTILHA

Reconstruir com os catequizandos o texto bíblico. Depois, convidar a uma leitura silenciosa observando algum detalhe não comentado na reconstrução do texto. Se houver algo, todos podem partilhar.

O catequista, partindo do texto bíblico, diz que além da vocação comum que todos nós temos, como já visto anteriormente, temos uma vocação específica cuja fonte é o Batismo. Com o Batismo, Deus nos chama para uma missão particular por já termos a graça de sermos cristãos. Essa vocação específica é um chamado que Deus nos faz antes do nosso nascimento. É uma escolha como contemplamos no texto bíblico.

Podemos dividir as vocações específicas em quatro: leiga, consagrada, sacerdotal e missionária. São maneiras particulares de ser cristão na Igreja e no mundo. Em cada uma delas, vivemos nossa vida cristã sendo um leigo atuante, um sacerdote zeloso, um consagrado generoso ou um missionário dedicado. Neste momento o catequista poderá chamar atenção para as imagens que retratam a diversidade de vocações e perguntar aos catequizandos se saberiam definir ou exemplificar cada uma destas maneiras específicas de viver o seguimento a Jesus. Depois de ouvi-los, o catequista prossegue explicando cada uma delas. Para isso poderá explorar:

A vocação laical

São os cristãos que vivem no meio do mundo e lá realizam sua missão nas tarefas cotidianas. Podemos recordar sobre o que é ser cristão em tempo integral. São homens e mulheres comprometidos com a Igreja que podem viver de três formas: casando-se (matrimônio), sendo um leigo consagrado ou solteiro.

- Ao assumir o matrimônio o casal não busca a felicidade própria, mas fazer o outro feliz (sua felicidade, então, é uma consequência deste processo de fazer o outro feliz). É preciso renúncia e dedicação para viver a dois. Os que se unem pela graça divina assumem um pacto de aliança abençoado por Deus, com a missão de procriar, cuidar e educar os seus filhos para que cresçam como cristãos conscientes dos valores evangélicos.
- Os leigos que consagram suas vidas são homens e mulheres que se doam e se entregam inteiramente a Deus, fazendo um voto pessoal, sem estar ligado a nenhuma comunidade religiosa.
- Os solteiros assumem viver como discípulos de Jesus na sociedade dedicando todas as energias de sua existência à Igreja, à sociedade e ao serviço dos mais pobres.

A vocação sacerdotal

São homens que recebem o sacramento da Ordem e constituem-se em guias e pastores das comunidades, colocando-se como servidores do povo de Deus. São três os graus da Ordem: Diáconos, Presbíteros e Bispos.

- O diaconato é o primeiro grau do sacramento da Ordem, e aos diáconos compete: administrar o sacramento do Batismo, conservar e distribuir a Eucaristia, assistir e abençoar o Matrimônio em nome da Igreja, levar a Eucaristia aos enfermos, instruir e exortar o povo, presidir ao culto e às orações dos fiéis, administrar os sacramentais, oficiar exéquias e enterros. De modo especial devem se dedicar à caridade (cf. Pontifical Romano, n. 174). Existem os "diáconos transitórios", que recebem o primeiro grau em virtude do presbiterado, e os "diáconos permanentes", que podem ser homens casados ou solteiros que vivem o celibato.
- O presbiterado é o segundo grau da Ordem. Os presbíteros (padres) são homens ordenados para o serviço do povo de Deus, cooperando com os bispos na pregação da Palavra, na celebração dos sacramentos e no governo dos fiéis.

- Os Bispos são aqueles que receberam o terceiro grau da Ordem. São "sucessores dos Apóstolos, recebem do Senhor a missão de ensinar a todos os povos e pregar o Evangelho a toda criatura, a fim de que os homens todos, pela fé, pelo batismo e pelo cumprimento dos mandamentos, alcancem a salvação" (Lumem Gentium, n. 22). Os Bispos são os que presidem as Igrejas Particulares (dioceses), e são sinal de unidade da Igreja Universal (Igreja Católica) junto com o Papa, que é o Bispo de Roma.
- São três, portanto, os graus do sacramento da Ordem. Os demais (Monsenhor, Arcebispo, Cardeal, Papa...) são títulos dispensados pela Igreja para sua melhor organização.

Vocação à Vida Consagrada

São homens e mulheres chamados por Deus a se consagrarem totalmente ao Senhor e ao bem da humanidade, esforçando-se a observar os conselhos evangélicos, fazendo os votos de obediência, pobreza e castidade. Estão ligados a um instituto ou congregação com carismas específicos. Existem inúmeras congregações religiosas e institutos de vida consagrada, na Igreja, tanto masculino quanto feminino. Assim, as diferentes congregações e institutos, através de seus carismas, têm a função de mostrar o Cristo, ora rezando na montanha (Ordens contemplativas), ora pregando o Evangelho (Congregações missionárias), ora curando os doentes (Congregações que cuidam de hospitais), ora abençoando as crianças (Congregações que cuidam de creches e orfanatos), ora fazendo o bem a todos (inúmeros institutos). Nas congregações e nos institutos masculinos muitos optam também por receber o sacramento da Ordem.

Vocação Missionária

São homens e mulheres, clérigos, religiosos e leigos que se entregam de corpo e alma à vida missionária, se dispondo a partirem em nome da Igreja para realidades distantes e carentes para anunciar o Evangelho de Jesus Cristo e formar comunidades, promovendo a vida e a dignidade.

Conclusão: O catequista poderá concluir convidando os catequizandos a olharem as diversas imagens de leigos, famílias, padres, religiosos e religiosas para questionar se alguém já pensou na vocação específica que irá assumir. De modo especial, perguntar se alguém já se sentiu chamado a viver a vocação sacerdotal, religiosa ou missionária, incentivando-os a pensar na possibilidade de assumirem algumas dessas vocações.

Depois de ouvi-los, o catequista poderá propor conversas com a Pastoral Vocacional, visita a alguma congregação ou instituto religioso, ou ainda buscar conhecer alguma realidade ou trabalho missionário.

Oração final: Convidar os catequizandos a ficarem em pé ao redor da Mesa da Palavra e incentivá-los a formularem orações e preces. Concluir rezando, o Pai-nosso e a oração pelas vocações.

ORAÇÃO PELAS VOCAÇÕES
Jesus, divino Pastor da Santa Igreja, ouvi nossa prece sacerdotal.
Concedei para muitos meninos e jovens, de coração inocente e generoso, a graça do sacerdócio e a perseverança em sua vocação.
Fazei-nos compreender a grande honra e felicidade de termos um padre em nossa família.
Dai-nos a todos sinceros desejos de auxiliar as vocações sacerdotais e religiosas.
Infundi nos formadores do nosso clero os dons de piedade e ciência para o reto desempenho de sua missão de tanta responsabilidade.
Por intercessão da Virgem Santíssima, santificai e protegei sempre os nossos padres, para que se dediquem com amor e zelo à glória de Deus e à salvação dos homens. Amém.

Após a oração, o catequista impõe as mãos sobre a cabeça de cada catequizando e traça o sinal da cruz em sua fronte, dizendo: *"Deus te escolheu antes que tu nascestes, ...N..., assume sua vocação; vai em paz e que o Senhor o acompanhe!"*.

Material de apoio

Diferença entre padre, frei e monge

Como já explicitado no encontro, um padre ou presbítero são aqueles que receberam o segundo grau do sacramento da Ordem. O presbítero pode pertencer a uma ordem ou família religiosa, ou a uma diocese.

Os padres que pertencem a uma diocese, são chamados de seculares, e foram ordenados para servir a uma diocese específica com voto de obediência e cujo superior direto é o bispo local.

Já os padres que pertencem a alguma congregação ou ordem religiosa fazem os votos de pobreza, castidade e obediência e têm como superior direto o superior da congregação, que poderá transferi-lo e encarregá-lo de serviços de acordo com as necessidades da família religiosa, sempre em consonância com o bispo da diocese em que está atuando. Dependendo da congregação ou família religiosa em que está inserido (franciscanos, jesuítas, dominicanos etc.) é chamado de Dom (monge), Frei (congregações franciscanas, por exemplo) ou outra nominação. Nem todos os monges ou freis são padres, pode ser que sejam apenas irmãos, ou seja, decidiram viver naquela família religiosa fazendo apenas os votos de pobreza, castidade e obediência, sem necessariamente serem ordenados padres. Sua vocação não é obrigatoriamente o sacerdócio.

Mas qual é a diferença entre um monge e um frei? Isso tem a ver com a origem de cada palavra: "monge" vem de uma palavra do latim que significa "solidão". Os monges são aqueles que escolhem viver nos mosteiros, dedicando-se à oração e a trabalhos pastorais que visam maior recolhimento. Podemos citar, por exemplo, São Bento que foi o fundador da ordem religiosa mais antiga do Ocidente, os beneditinos. Monges, portanto, referem-se a homens consagrados que vivem em mosteiros, dedicados quase que inteiramente à oração.

Frade ou Frei, por outro lado, é um termo mais moderno que significa "irmão". A palavra "Frade" é empregada para ordens dedicadas à vida ativa, como os franciscanos.

Filmes e vídeos:

O catequista poderá sugerir aos catequizandos para se reunirem no decorrer da semana para assistir a um filme com motivação vocacional. A seguir algumas sugestões:

 "Ir. Dulce". O filme conta a história da beata que viveu no estado da Bahia e dedicou sua vida aos pobres.

 "Despertar para sonhar". Com enfoque missionário-vocacional, produzido pelo Instituto de Pastoral Vocacional (IPV) e Paulinas, o filme propõe valores a serem abraçadas pelos jovens.

 "Caminho que a gente é". Produzido pela Verbo Filmes, narra a história de vida e compromisso de uma catequista.

 "Homens e deuses". Lançado em 2010, o filme reflete os diferentes aspectos da vida consagrada. O enredo narra o testemunho de martírio de sete monges trapistas da abadia de Nossa Senhora do Atlas, em Tibhirine (Argélia), assassinados em 1996.

Alguns vídeos disponíveis no YouTube sobre a temática vocacional poderão ser partilhados com os catequizandos através de aplicativos de troca de mensagens e redes sociais. Seguem algumas sugestões:

 "O que é Vocação". Uma produção da Pastoral vocacional da arquidiocese de Florianópolis, que retrata através de imagens e falas curtas as diversas maneiras de viver a vocação (4:20min). Disponível em: <www.youtube.com/watch?v=Tll3EyzaF8M>.

 "Sacerdote, um presente de Deus para o mundo". O vídeo é uma belíssima produção espanhola, dublado em português, sobre a vocação sacerdotal (tempo – 14:25). Disponível em: <www.youtube.com/watch?v=rOQrxHMP2eM>.

 O canal "Santa Carona" disponibiliza uma série de vídeos com o tema vocacional, na série "Vale a pena, vale a vida". Seminaristas do Seminário Maior Diocesano Imaculado Coração de Maria da Diocese de Anápolis refletem sobre questões vocacionais e a vida no seminário. Vídeo 1 disponível em: <www.youtube.com/watch?v=pIJLtsSkILE>.

SUGESTÃO

No próximo encontro, sugerimos que seja feito um momento de oração pelas vocações que poderá ser pensado e preparado com o auxílio da pastoral vocacional e equipe de liturgia. Os pais e toda a comunidade poderão ser convidados a participar deste momento. Para facilitar a presença de todos, o catequista poderá mudar o dia, horário e local do encontro, podendo ser na igreja ou numa capela.

Orientar previamente os catequizandos sobre o dia, horário e o local.

# 20º Encontro

Hora Santa Vocacional

Palavra inicial: O objetivo deste encontro é realizar um momento de reflexão, levando os catequizandos, seus pais e toda a comunidade a rezarem pelas vocações.

Preparando o ambiente: Providenciar todo o material necessário para a hora santa vocacional, de acordo com o que foi pensado e preparado em comunhão com a pastoral vocacional e equipe de liturgia: ambão, bíblia, velas, oração pelas vocações, cantos, entre outros.

Distribuindo funções: Seria importante também dividir algumas funções com antecedência de acordo com o roteiro que foi preparado, por exemplo:

- Animador
- Presidente
- Pessoa para proclamar a leitura bíblica
- Pessoa para cantar o salmo
- Pessoa para fazer a oração da assembleia
- Cantores
- Ministros para acolhida

Preparando a celebração: Com a ajuda da pastoral vocacional e da equipe de liturgia, o catequista poderá preparar o momento de oração pelas vocações, como no esquema proposto na sequência ou de acordo com o costume da comunidade.

a) Refrão meditativo – cantado à medida que os participantes forem chegando para criar um clima de oração e favorecer o silêncio.

b) Breve acolhida dos catequizandos, pais e comunidade.

c) Motivação – pequeno comentário situando a importância de rezar pelas vocações.

d) Momento de recordação da vida.

   (Lembrar os vocacionados da paróquia, se houver; recordar os padres, religiosos e religiosas que passaram pela comunidade; a importância dos que estão em missão...)

e) Leitura do texto bíblico.
   » Sugestões: Mt 9,35-38; Lc 10,1-9; Jo 10,11-16.

f) Canto de um Salmo.
   » Sugestões: Sl 22; Sl 88.

g) Reflexão.

h) Silêncio para oração pessoal.

i) Preces.

j) Canto de dispersão.

No final, poderá ser distribuída uma lembrancinha ou cartões com a oração pelas vocações.

Chamados à santidade

Palavra inicial: Neste encontro queremos mostrar aos catequizandos que todos somos chamados à santidade. Ser santo não significa ausência de pecado, mas sim o esforço de reconhecer as falhas e limitações para mudar e ser melhor. Os santos são aqueles que reconheceram seus pecados e lutaram contra eles.

Preparando o ambiente: Ambão com toalha da cor do tempo litúrgico, Bíblia, vela e flores. Imagens de Santos canonizados pela Igreja e também fotos de homens e mulheres conhecidos da comunidade que se esforçam em doar a vida e testemunhar os valores evangélicos. Reunir dados expressivos sobre a vida dos santos e de pessoas da comunidade para apresentá-los como exemplos aos catequizandos no decorrer do encontro.

Acolhida: O catequista acolhe a todos com o dizer "Deus te chama à santidade, ...N..., seja bem-vindo!", ou outro semelhante.

Recordação da vida: Ao redor da Mesa da Partilha ou da Palavra, lembrar fatos e acontecimentos que marcaram a semana. Lembrar que, no último encontro, rezamos pelas vocações diante de Jesus Sacramentado.

NA MESA DA PALAVRA

Oração inicial: O catequista conduz a oração de uma maneira espontânea e, na sequência, motiva a cantar ou rezar invocando o Espírito Santo.

Um catequizando dirige-se até o ambão para proclamar o texto bíblico.

Leitura do texto bíblico: Mt 5,43-48.

Depois de um momento de silêncio, o catequista lê o texto novamente, devagar, destacando alguns pontos.

> *Amai vossos inimigos e orai pelos que vos perseguem [...] sede perfeitos como vosso Pai celeste é perfeito.*

O catequista convida a todos a sentarem ao redor da Mesa da Partilha.

NA MESA DA PARTILHA

Pedir para os catequizandos relerem em silêncio a passagem proclamada. Depois incentivá-los a partilhar o que cada um entendeu. Em seguida, pedir que alguns catequizandos leiam as passagens bíblicas de Lv 19,2 e Lv 20,7.

Refletir sobre o último versículo do texto que hoje lemos, que tem sua origem no livro do Levítico 19,2: "Fala toda a comunidade dos israelitas e dize-lhes: Sede santos, porque eu o Senhor vosso Deus, sou Santo". Ainda, no capítulo 20,7 do mesmo livro: "Santificai-vos e sede santos porque eu sou o Senhor vosso Deus. Guardai as minhas leis e ponde-as em prática. Eu sou o Senhor que vos Santifica". Ser perfeito é sinônimo de santidade em alguns textos bíblicos (cf. Mt 5,48; Rm 12,2; Cl 1,28; Hb 5,14). A palavra que traduzimos na bíblia como "perfeito" no Novo Testamento provém do grego "*teleios*", que significa "solidez consumada", inclui a ideia de ser inteiro. Ou seja, perfeição tem a ideia de uma espiritualidade madura, de buscar o aperfeiçoamento (cf. 2 Cor 13,9.11; Ef 4,11-12; Tg 1,4.3,2; 1 Pd 5,10).

Quando falamos de nossa vivência enquanto cristãos, podemos entender que estamos sendo aperfeiçoados. Quando pensamos sobre nossa posição aos olhos de Deus, pelo que Ele fez por nós através de Jesus Cristo, então nesse sentido somos perfeitos. É preciso, portanto, reconhecer que todos nós somos chamados à Santidade, à perfeição. E porque Deus é Santo, e fomos criados à sua imagem e semelhança, devemos também trilhar o caminho em busca da santidade, da perfeição.

O Evangelho proclamado nos indica como buscar a santidade, ou seja, essa maturidade de fé: "Amai vossos inimigos e orai pelos que vos perseguem" (Mt 5,44). Ora, a santidade pressupõe assumir a lógica de Deus, ou seja, amar os inimigos, orar pelos que nos perseguem, perdoar os que nos ofendem... O catequista poderá estimular os catequizandos para que elenquem ações e situações que nos ajudem no amadurecimento da fé e, consequentemente, em nossa santificação.

A palavra "santidade" significa participação gratuita da santidade de Deus. Como nos dizem os textos proclamados: "sede santos porque o Senhor vosso Deus é santo". Portanto, a santidade é uma graça, um dom, antes de ser fruto de nosso esforço. Todo o nosso ser é inserido na esfera misteriosa da pureza, da bondade e da misericórdia do amor de Deus, e na obediência e gratuidade de Jesus que se concretiza, no cotidiano, com amor, serenidade, paciência, gratuidade, aceitando provações e alegrias com a certeza de que tudo tem sentido diante de Deus.

O catequista poderá apresentar as histórias de santos ou testemunhos de vida de pessoas da comunidade para ilustrar a temática. Ainda, poderá solicitar aos catequizandos que falem sobre os santos que admiram e de pessoas que na comunidade buscam alcançar a santidade.

Comentar que é a busca pela santidade que nos motiva a viver em comunidade, pois quando nos inserimos em alguma atividade na Igreja, e nos aproximamos um pouco mais das pessoas, logo descobrimos seus erros e limitações. A princípio nos assustamos, pois achamos que todos que estão na Igreja deveriam ser perfeitos, bonzinhos e misericordiosos. Porém não é bem assim na prática. Encontramos pessoas falhas, que fazem fofoca e são invejosas... Então logo nos lembramos o porquê Deus enviou o seu Filho – por causa dos pecadores –, e descobrimos que a Igreja surge em função dos pecadores. Podemos dizer que assim como um doente precisa de hospital, médico e remédios para ser curado, assim também os pecadores precisam do médico dos médicos, Jesus Cristo, de um grande hospital, a Igreja, e dos remédios, a oração, a Palavra de Deus, os Sacramentos, a vida em comunidade...

É o chamado à santidade que nos faz ser melhores a cada dia e compreender as limitações do próximo. Descobrimos que a Igreja existe por minha causa e por causa do meu irmão, e juntos, sendo compassíveis e misericordiosos, somos suportes uns para os outros no caminho da santidade, pois Deus conhece o nosso coração, o nosso íntimo.

Ainda, esclarecer que, como cristãos, só testemunharemos o amor e a bondade de Deus e do seu Filho, Jesus Cristo, se estivermos no caminho da santidade. O bem-aventurado Pe. Miguel Rua escreveu: "A santidade dos filhos é a prova da santidade do Pai". O Concílio Vaticano II recordou que todos na Igreja são chamados à santidade (Cf. LG, Cap. V). O n. 42 da *Lumen Gentium*, documento do Concílio Vaticano II, aborda os caminhos e meios de santidade:

> Deus é caridade e aquele que permanece na caridade permanece em Deus e Deus nele' (1Jo 4,16). Deus difundiu a sua caridade nos nossos corações por meio do Espírito Santo que nos foi dado (cf. Rm 5,5); por isso o dom principal e mais necessário é a caridade, pela qual amamos a Deus sobre todas as coisas e ao próximo por causa dele. Mas, para a caridade crescer e frutificar na alma como boa semente, todo fiel deve ouvir de bom grado a palavra de Deus e cumprir nas obras a sua vontade, deve frequentemente, com o auxílio da sua graça, aproximar-se dos sacramentos sobretudo da eucaristia, e tomar parte nos atos de culto; deve aplicar-se constantemente à oração, à abnegação de si mesmo e ao serviço dedicado dos seus irmãos, e ao exercício constante de todas as virtudes. Porque a caridade, sendo como é, o vínculo da perfeição e a plenitude da lei (cf. Cl 3,14; Rm 13,10), rege todos os meios de santificação, dá-lhes forma e os conduz à perfeição. Daí que seja a caridade, para com Deus e para com o próximo, o sinal do verdadeiro discípulo de Cristo.

Exemplificar e explorar que com certeza não conseguiremos alcançar a santidade sozinhos, mas Deus no seu infinito amor nos dá o Espírito Santo como nosso Santificador, por isso devemos pedir todos os dias o seu auxílio.

Conclusão: O catequista poderá concluir dizendo que, como batizados, todos nós temos como vocação comum o chamado à santidade na comunidade cristã e na sociedade humana. E que devemos trilhar esse chamado à santidade com nossos irmãos e irmãs vivendo em comunidade.

Oração final: Ao redor da Mesa da Palavra motivar os catequizandos a formularem orações e preces pedindo de modo especial para que toda a Igreja trilhe os caminhos da santidade. O catequista convida a todos a rezarem o Pai-nosso e conclui com a oração:

Deus, Pai de bondade que nos chamastes a sermos santos como Tu o Pai és Santo. Enviai sobre nós o Teu Santo Espírito para que possamos testemunhar em nossa comunidade e em nossa sociedade o seu amor e misericórdia, sendo santos como Tu és Santo. Por Cristo, Senhor Nosso. Amém.

Após a oração, o catequista impõe as mãos sobre a cabeça de cada catequizando e traça o sinal da cruz em sua fronte, dizendo: *"Buscai as coisas do alto, ...N..., vai em paz e que o Senhor o acompanhe e te faça santo! Amém"*.

Aprofundar o tema:

Leitura do capítulo V da Constituição Dogmática *Lumen Gentium* sobre a Igreja (Documentos do Concílio Ecumênico Vaticano II).

Leitura dos parágrafos 2012-2016 do Catecismo da Igreja Católica.

O catequista poderá propor aos catequizandos para se reunirem no decorrer da semana para assistir ao filme **"A Corrente do Bem"**, que narra a história de um menino que, desafiado por um professor, propõe uma ação para mudar o mundo. O catequista deverá ter sensibilidade para trabalhar o filme, destacando os valores nele presentes.

O filme lançado no ano 2000, de gênero drama, tem classificação recomendada para maiores de 12 anos.

22º Encontro
Jesus ensina sobre a amizade

Palavra inicial: O objetivo do encontro é auxiliar o catequizando a refletir sobre como Jesus, sendo nosso melhor amigo, ensina-nos sobre a amizade.

Preparando o ambiente: Ambão com toalha da cor do tempo litúrgico, velas e Bíblia. Para a atividade, entregar uma folha sulfite, lápis e borracha para cada catequizando.

Acolhida: O catequista acolhe os catequizandos saudando-os com o dizer: *"Retribua a amizade de Jesus, ...N..., seja bem-vindo"*. Na sala, saúda a todos mais uma vez desejando-lhes boas-vindas.

Recordação da vida: Convidar os catequizandos a ficarem de pé ao redor da Mesa da Palavra para o momento de recordação da vida e oração inicial.

Motivar a recordar o encontro anterior sobre buscar a santidade em nossas escolhas e modo de viver. Poderão comentar, também, os acontecimentos importantes ocorridos na vida da comunidade.

NA MESA DA PALAVRA

Oração inicial: O catequista prossegue com a oração, pedindo a Deus que nos auxilie a corresponder a amizade de Jesus que, nos acolhendo e apoiando como somos, ensina-nos como valorizar aqueles a quem nos vinculamos. Em seguida conclui invocando o Espírito Santo rezando ou cantando.

O catequista convida um catequizando para se dirigir ao ambão e proclamar o texto indicado. Antes, porém, todos poderão cantar aclamando o Santo Evangelho.

Leitura do texto bíblico: Jo 15,12-14.

Depois de um período de silêncio, o catequista lê o texto novamente, desta vez pausadamente, destacando alguns pontos do texto.

> *Este é o meu mandamento: amai-vos uns aos outros como eu vos amei. Ninguém tem maior amor do que aquele que dá a vida por seus amigos. Vós sois meus amigos, se fizerdes o que vos mando.*

O catequista convida a todos a sentarem ao redor da Mesa da Partilha.

NA MESA DA PARTILHA

Orientar para que leiam em silêncio o texto bíblico, pausadamente. Conversar sobre estes versículos nos ensinarem claramente que a verdadeira amizade, para Jesus, envolve doar-se pelo outro por amor. Para fomentar a reflexão o catequista poderá perguntar onde está a novidade deste mandamento, considerando o que já existia: "Amar a Deus sobre todas as coisas e ao próximo como a ti mesmo". A mudança está em não amar como nós amamos, pois muitas vezes nosso amor pode ser desvirtuado por interesses pessoais ou, ainda, por amarmos apenas a quem nos agrada e faz bem. Jesus vai muito além! Ele nos amou na gratuidade, sem pedir nada em troca. Pelo contrário, amou-nos quando menos merecíamos e quando gritávamos: "crucifica-o, crucifica-o...". A novidade, portanto, está em amar como Jesus nos amou: "como *Eu* vos amei".

Perguntar o que seria "doar a si mesmo" por alguém. Dizer que hoje, quando a maioria das pessoas está muito ocupada com suas próprias preocupações, doar-se pode ser um desafio que poucos conseguem cumprir. Explicar que nos doamos quando dedicamos tempo, conforto e apoio ao outro; quando ouvimos atenciosamente suas opiniões e seus problemas; quando nos interessamos legitimamente por conhecer o outro; quando oramos pelo outro; quando estamos dispostos a oferecer suporte ao outro. A verdadeira amizade, portanto, apenas floresce quando colocamos o outro em evidência nas nossas vidas, evitando dar-lhe atenção apenas quando nos é conveniente.

Jesus dedicou-se a construir verdadeiras relações de amizade em sua vida. Com seus discípulos compartilhou momentos de alegria e tensão sempre considerando as necessidades e características individuais deles. Nunca exigiu mais do que poderiam oferecer, manteve-se paciente ao ouvi-los, ensinou-os para que pudessem se tornar independentes em sua missão, repreendeu-os com gentileza quando necessário, acalmou-os em momentos de tormenta e ajudou-os a conhecer mais de si mesmos. Da mesma forma faz conosco: ouve nossas preocupações, conhece nossas vidas e personalidades, ajuda-nos a superar os problemas e aproximar-nos de Deus, orienta-nos a fazer boas escolhas, ensina-nos a encontrar a felicidade. Mais do que isso, Jesus deu-nos a maior prova de amor para todos nós: entregou sua vida em sacrifício para que pudéssemos ser salvos.

A doação de Jesus por nós é sem reservas. Ele dá o máximo de si mesmo porque nos ama de modo ilimitado. O amor Dele é o amor de Deus por cada um de nós. Conversar sobre o que esse amor nos ensina quando pensamos no mandamento que Jesus nos deixou: "amai-vos uns aos outros como eu vos amei" (Jo 15,12). Orientar a reflexão para a amizade e perguntar, a partir do que já foi refletido, o que é ser amigo de alguém. Acolher as respostas e relacioná-las com a amizade que Jesus nos ensina a partir do seu modelo de ser amigo. Orientar para a atividade.

---- ATIVIDADE ----

Entregar a cada catequizando uma folha de papel sulfite. Pedir que desenhem nela cinco círculos, um dentro do outro, do menor para o maior. Dizer que o menor círculo, no centro, representa eles próprios. Deverão, então, escrever nele **eu**. O círculo seguinte, o mais próximo, representa seus **amigos íntimos**. Deverão escrever nele os nomes das pessoas com as quais compartilham segredos e sentem confiança suficiente para contar com seu apoio em momentos de alegria ou tristeza. Podem ser nomes de parentes também, caso estes sejam seus amigos íntimos. Dizer que é importante serem sinceros, evitando incluir nomes de pessoas com quem não vivem um relacionamento assim. Garantir que essa folha não será compartilhada com ninguém, esta é uma atividade de reflexão individual.

Depois, no círculo seguinte, pedir que escrevam os nomes de **amigos próximos**. São aqueles amigos com os quais se sentem à vontade, mas igualmente cuidam para não desagradar porque há certa insegurança de perderem a amizade, o afeto ou a aceitação. Da mesma forma, veem-se principalmente em um determinado ambiente (amigos de escola, amigos da Igreja...), então a profundidade do que sabem um do outro não é completa.

No círculo seguinte, pedir que escrevam os nomes de seus **amigos casuais**. Aqueles com os quais conversam às vezes, se divertem ou jogam juntos, mas não com frequência suficiente para dizer que se conhecem profundamente. São pessoas de quem até gostam, porém não compartilham segredos ou momentos importantes da vida.

No último círculo, pedir que escrevam os nomes de **colegas** com quem convivem, mas nunca investiram em uma conversa ou simplesmente não encontraram afinidades que os tornassem realmente amigos. Respeitam-se, são corteses, cumprimentam-se, mas não passa disso por falta de interesse ou oportunidade.

Pedir que observem seus círculos da amizade e, silenciosamente, reflitam:

▸ Seus amigos íntimos sabem que são importantes para você?
▸ Você acha que seus amigos íntimos também colocariam seu nome neste círculo?
▸ O que diferencia seus amigos íntimos de seus amigos próximos?
▸ Seus amigos próximos poderiam ser íntimos, se você investisse mais nestes relacionamentos?
▸ Amigos casuais estão em maior ou menor número em relação aos seus amigos íntimos e próximos? Por quê?
▸ Há ambientes nos quais você só tem colegas e nenhum amigo? Por que acha que isso acontece?

Conversar com o grupo sobre as dificuldades que encontramos ao estabelecer uma amizade e aprofundá-la. Muitas vezes simplesmente não demonstramos às pessoas como as consideramos próximas ou íntimas. Ou, ao contrário, usamos de sua bondade e paciência para torná-las nossas amigas, mas não retribuímos do mesmo modo. Agimos por nossa própria conveniência e, de modo egoísta, não apoiamos, não ouvimos pacientemente, não vamos ao seu encontro, não damos prosseguimento às conversas (por exemplo: se a pessoa nos diz passar por um problema, esquecemos de perguntar como está quando a vemos novamente), enfim, não agimos como amigos, mas exigimos e usamos das nossas relações como queremos. Não é esse o modelo de amizade que Jesus nos ensina. Ele quer que nos amemos e doemos o melhor de nós para construir a felicidade uns dos outros.

Relembrar o texto bíblico e ressaltar que Jesus igualmente pode estar sendo "usado" por nós. Sendo o nosso melhor amigo, e melhor modelo de amizade verdadeira, por vezes compartilhamos com o Senhor nossos medos, anseios, ambições, sonhos, planos, decepções... pedindo ânimo e ajuda, mas esquecemos de agradecer ou, então, esquecemos seu mandamento de amor. Perguntar como está a amizade dos catequizandos com Jesus. Incentivá-los a pensar: quais afinidades compartilham com Jesus? O que Jesus gosta que vocês também gostam? O que Jesus não gosta que vocês igualmente não gostam? O que evitam fazer porque sabem que magoará Jesus?

Jesus não apenas nos ensina a sermos amigos uns dos outros, mas também esclarece o que devemos fazer para sermos amigos Dele: "Vós sois meus amigos, se fizerdes o que vos mando". E o que Ele nos manda fazer é "amar uns aos outros como nos amou".

Concluir dizendo que o amor de Jesus por nós o faz sempre disposto a nos acolher, mesmo em nossos piores momentos. Da mesma forma, devemos acolher as pessoas que nos cercam para melhor conhecê-las e deixá-las entrar em nossas vidas. Quantas vezes impedimos que os outros acessem nossos círculos de amizade mais íntimos e próximos? Fazemos isso quando somos impacientes, quando procuramos relacionamentos apenas convenientes às nossas necessidades, quando nos recusamos a oferecer ao outro o que ele precisa.

Conclusão: Solicitar que os catequizandos façam as atividades propostas no Diário Espiritual. Explicar que, no Diário, serão convidados a analisar como este encontro ajudou-os a refletir sobre o modelo de amizade que Jesus nos ensina. Pedir para que escrevam e tragam o Diário no próximo encontro para partilhar.

Oração final: Ao redor da Mesa da Palavra, motivar os catequizandos a formular orações e preces. Depois, poderão rezar o Pai-nosso e concluir com a oração:

Ó Deus, perdoai os momentos em que usamos as pessoas de um modo conveniente às nossas necessidades. Que possamos aprender a amar uns aos outros como Jesus nos ama, construindo vínculos verdadeiros de amizade. Por Cristo nosso Senhor. Amém.

No final da oração, o catequista impõe as mãos sobre a cabeça de cada catequizando e traça o sinal da cruz em sua fronte dizendo: "...N..., que você saiba amar como Jesus nos ensinou, vai em paz!".

Material de apoio

Se desejar, pode-se providenciar um momento de meditação com a canção "Prova de amor maior não há", do padre José Weber (disponível em: <https://www.youtube.com/watch?v=YktF4PMim2w>). Pedindo que fechem os olhos, ao som da canção, orientar que reflitam sobre o amor de Jesus que nos ensina, também, a amar as pessoas em verdadeiro espírito de amizade.

23º Encontro

Igreja: pequenas comunidades de discípulos

Palavra inicial: Neste encontro, refletiremos sobre a Igreja ser formada por pequenas comunidades. Estas comunidades são responsáveis por transmitir e testemunhar a fé.

Preparando o ambiente: Ambão com toalha da cor do tempo litúrgico, Bíblia, vela e flores.

Acolhida: O catequista recebe os catequizandos com o dizer: "somos apenas uma gota de água no oceano, ...N..., seja bem-vindo!". Quando já estiverem na sala, saúda a todos mais uma vez, desejando-lhes boas-vindas.

Recordação da vida: Ao redor da Mesa da Partilha ou da Palavra, o catequista poderá perguntar sobre o encontro anterior. Poderá destacar, ainda, os acontecimentos importantes que possam ter ocorrido na vida da comunidade. Poderá ainda explorar as questões propostas no Diário.

NA MESA DA PALAVRA

Oração inicial: Motivar a oração, valorizando tudo o que foi mencionado na recordação da vida, e invocar o Espírito Santo cantando ou rezando.

O catequista convida um catequizando para se dirigir ao ambão e proclamar o texto indicado.

Leitura do texto bíblico: At 11,19-30.

Em seguida, após uns minutos de silêncio, o catequista deve lê-lo novamente, desta vez pausadamente, destacando alguns pontos do texto.

> *Durante um ano estiveram juntos naquela igreja e instruíram muita gente. Foi em Antioquia que, pela primeira vez, os discípulos foram chamados de 'cristãos'...*

O catequista convida a todos a sentarem ao redor da Mesa da Partilha.

NA MESA DA PARTILHA

Reconstruir com os catequizandos o texto bíblico. Convidar a uma leitura silenciosa da passagem proclamada, e depois pedir para que os catequizandos partilhem o que compreenderam do texto.

A seguir, o catequista faz uma breve introdução dizendo que, após a ressurreição de Jesus e sua ascensão, os apóstolos saíram mundo afora pregando o Evangelho e batizando, cumprindo assim o mandato do Senhor (cf. Mt 28,16-20).

No texto que hoje proclamamos, vemos algumas comunidades que nasceram após a pregação dos apóstolos e discípulos de Jesus. O amor e autoridade com que pregavam tocava o coração das pessoas e estas, desejosas de viver o seguimento de Cristo, se uniam em pequenas comunidades para partilhar a vida e juntos rezarem.

O testemunho incansável de homens e mulheres, discípulos missionários de Jesus Cristo, fez com que dois mil anos depois o anúncio de Jesus Cristo chegasse até nós. E o que preservou aceso o ardor missionário até nossos dias foram as milhões de pequenas comunidades formadas ao redor do mundo. As pequenas comunidades são onde a Igreja acontece de fato, são onde a Trindade se manifesta de maneira mais visível. Mas o que são comunidades? O Catecismo da Igreja Católica, n. 854, destaca que são "sinais da presença de Deus no mundo". O Documento 100 da CNBB, nn. 168-172, diz:

> ...no conceito de comunidade a autocompreensão de sua realidade histórica. Ela é, portanto, uma comunidade de fiéis que, de alguma maneira, torna presente a Igreja num determinado lugar. O termo comunidade pode abranger todos os agrupamentos humanos e por diferentes meios. O que a caracteriza é o fato de agregar seus membros numa identidade coletiva. Geralmente, comunidade significa ter algo em comum. Formam comunidade aqueles que têm em comum ou compartilham o que têm e o que são. Por isso, é importante delimitar o que se entende por comunidade eclesial. Teologicamente a palavra comunidade significa a união íntima ou a comunhão das pessoas entre si e delas com Deus Trindade. Essa comunhão se realiza fundamentalmente pelo Batismo e pela Eucaristia. Assim, a comunidade participa da vida divina na partilha de vida fraterna ao comungar na mesma mesa, ao professar a mesma fé recebida dos apóstolos ao testemunhar a caridade que revela o amor salvífico de Deus para a humanidade. [...] A expressão comunidade de fiéis indica a união, a partir da fé, daqueles que são batizados e estão em plena comunhão com a Igreja.

Sendo assim, após o anúncio da Boa Nova de Jesus e o desejo de conversão, é imprescindível que aqueles que desejam seguir o Cristo se reúnam em comunidade. É a comunidade que fortalecerá a fé de cada um e dará os meios para que cresçamos no seguimento de Jesus. A Igreja, além de toda sua infraestrutura e organização mundial, se manifesta e acontece, de modo especial, nas pequenas comunidades, onde com grupos pequenos é possível: conhecer a história de cada um, dar oportunidade de voz e escuta a cada membro e, acima de tudo, rezar para juntos superar todas as dificuldades e dores, colocando a esperança da Ressurreição e da vida nova em Cristo.

A partir desse entendimento é fundamental que haja amor, respeito, misericórdia, perdão, partilha dos bens, vida de oração, escuta da Palavra e caridade, para que a comunidade sobreviva e cumpra o seu ideal de ser o Rosto de Cristo no meio da sociedade, ou seja, de que seus membros saibam testemunhar os valores e ensinamentos de Jesus, sejam a diferença que transforma os que estão ao seu redor e seu entorno.

O catequista poderá perguntar aos catequizandos quem faz parte de alguma comunidade de fiéis, como vivem os membros dessa comunidade. Explorar os aspectos positivos e orientar sobre o que é necessário realizar em relação aos possíveis aspectos negativos que surgirem da conversa. Depois de ouvi-los, reforçar a importância de todos manterem-se ou de se integrarem em alguma comunidade. Ainda, poderá comentar que o próprio grupo, se assim decidir, pode formar uma comunidade onde se reunirão com frequência para rezar, refletir e contribuir com as atividades da paróquia.

Conclusão: O catequista finaliza comentando que deveríamos olhar nossas comunidades e dizer "vede como eles se amam", e que este testemunho seria a melhor maneira de pregar o Evangelho e revelar a face misericordiosa de Deus ao mundo. É necessário que, ao participarmos de alguma comunidade, nossas atitudes e palavras contribuam para que qualquer forma de divisão que possa haver seja superada, para que o amor e a caridade sejam constantes em nossa vida e de nossos semelhantes.

Oração final: O catequista convida os catequizandos a ficarem em pé ao redor da Mesa da Palavra para fazerem preces e louvores, rezando de modo especial pela paz no mundo e pelo respeito aos povos. Rezar o Pai-nosso e concluir com a oração:

> *Pai misericordioso, que a exemplo da Santíssima Trindade nos ensinou a nos reunir em comunidade para ouvir a Palavra e repartir o Pão. Ajudai-nos a colocar todo egoísmo e individualismo de lado para que os seus dons se manifestem em nossas comunidades. Por Cristo, nosso Senhor. Amém.*

Após a oração, o catequista impõe as mãos sobre a cabeça de cada catequizando e traça o sinal da cruz em sua fronte, dizendo: *"Sede comunidade em comunhão com seus irmãos, ...N..., vai em paz e que Senhor o acompanhe!"*.

 Aprofundar o tema no Documento 100 da CNBB: Comunidade de Comunidades, uma nova paróquia.

24º Encontro

A Igreja e sua organização

Palavra inicial: Neste encontro, queremos mostrar toda a estrutura e organização da Igreja universal.

Preparando o ambiente: Ambão com toalha da cor do tempo litúrgico, Bíblia, flores e vela.

Acolhida: O catequista acolhe os catequizandos saudando-os com o dizer "Somos Igreja, ...N..., seja bem-vindo!".

Recordação da vida: Quando todos estiverem na sala do encontro, convidar os catequizandos para se colocarem ao redor da Mesa da Partilha ou da Palavra, onde falarão sobre fatos e acontecimentos que marcaram a semana e a vida da comunidade. Recordar, ainda, o que foi abordado no último encontro e viabilizar o tempo necessário para que partilhem o que registraram no Diário.

NA MESA DA PALAVRA

Oração inicial: Motivar a oração de maneira espontânea, convidando para invocar o Espírito Santo.

Em seguida, o catequizando dirige-se ao ambão e proclama o texto bíblico.

Leitura do texto bíblico: At 15,22-33.

Depois de um momento de silêncio, o catequista lê o texto novamente, devagar, destacando alguns pontos.

> *Então os apóstolos e presbíteros, de acordo com toda a Igreja, resolveram escolher alguns homens e enviá-los a Antioquia com Paulo e Barnabé; [...] Chegou ao nosso conhecimento que alguns dos nossos vos têm perturbado com palavras, confundindo vossas mentes sem nenhuma autorização de nossa parte. [...] Depois de se despedirem, os enviados desceram a Antioquia. Lá reuniram a assembleia e entregaram a carta...*

O catequista convida a todos a sentarem ao redor da Mesa da Partilha.

NA MESA DA PARTILHA

Reconstruir com os catequizandos o texto bíblico. Depois, convidar a uma leitura silenciosa da passagem proclamada e motivá-los a partilhar o que cada um compreendeu. O catequista então diz que, para melhor entender o texto bíblico, é necessário ler alguns versículos anteriores (15,1-21), pois irão narrar que Paulo e Barnabé se opuseram a alguns ensinamentos que os discípulos estavam pregando na região da Antioquia. Para solucionar o impasse, Paulo e Barnabé voltaram a Jerusalém para, com os apóstolos e presbíteros, definirem qual seria o conselho e normas relativas aos fatos. Reunidos então em assembleia, definirão quais as normativas a serem seguidas por toda Igreja. Podemos dizer que esta torna-se o primeiro concílio da Igreja, chamado concílio de Jerusalém.

É natural que pessoas tão diferentes reunidas teriam divergências e, para isso, a Igreja aos poucos foi se organizando para discernir os caminhos e passos a serem dados, resgatando acima de tudo a essência da pregação e dos mandamentos deixados por Jesus. Com isso, ao longo de dois mil anos, a Igreja criou uma robusta estrutura e complexa organização, como veremos neste encontro.

Explicar aos catequizandos que a estrutura da Igreja conta com uma hierarquia, com os seguintes títulos e funções:

(Alguns já trabalhadas em encontros anteriores, porém aqui recordadas para melhor compreensão de toda constituição hierárquica da Igreja.)

O **Papa** é o Bispo de Roma, sinal da unidade da Igreja Universal (Católica). Chamado também de Sumo Pontífice, é o guardião da integridade e totalidade da fé, responsável por pastorear todos os cristãos por ser o sucessor de Pedro, o primeiro papa.

Os **Cardeais** são Bispos escolhidos pelo Papa ao redor de todo o mundo, sendo instituídos seus conselheiros e os colaboradores mais próximos. É o conselho de cardeais que elege o papa numa reunião chamada de conclave.

Os **Patriarcas** são títulos normalmente possuídos por alguns líderes da Igreja Católica de ritos orientais e que estão em plena comunhão com a Igreja de Roma. Estes patriarcas orientais, que ao todo são seis, são eleitos pelos seus respectivos Sínodos e depois reconhecidos pelo Papa.

Os **Arcebispos**, chamados também de Metropolita, são bispos que, na maioria dos casos, estão à frente das arquidioceses (título dado à sede de uma província eclesiástica, que é a junção de algumas Dioceses para articulação pastoral).

Os **Bispos** são os sucessores diretos dos doze Apóstolos e são responsáveis por pastorear uma porção do povo de Deus, reunidos nas chamadas Dioceses. Os Bispos são a autoridade máxima da Igreja a ele confiada. Os bispos que não estão exercendo mais seus ofícios são chamados de eméritos.

Os **Presbíteros ou Padres** são os colaboradores dos bispos no pastoreio do povo de Deus. Os **Diáconos** são os auxiliares dos presbíteros e bispos. Possuem o primeiro grau do Sacramento da Ordem. Têm como principal atividade o serviço da caridade, proclamar o Evangelho nas missas, presidir as celebrações da Palavra de Deus, assistir ao matrimônio e abençoá-lo, presidir funerais e mais algumas atividades.

Monsenhor é um título honorário, ou seja, de homenagem para um presbítero, dado por trabalhos a ele confiados ou realizados.

Núncio Apostólico é o nome dado ao representante do Estado do Vaticano junto a um país. Ao *núncio* é confiado o encargo de representar estavelmente o Romano Pontífice, junto às Igrejas particulares ou também junto aos Estados e Autoridades públicas.

Todos os ministros acima citados fazem parte do clero. Todos os demais são considerados leigos.

A Igreja Católica ainda tem uma organização a nível universal, que está estruturada em torno da Santa Sé e da Cúria Romana divididas em Secretaria de Estado, Conselhos Pontifícios, Congregações, Tribunais e de outros organismos constituídos para reger a Igreja (cf. *Material de Apoio*).

Na América Latina e Caribe foi constituído o Conselho Episcopal Latino-Americano (CELAM), com o intuito de articular a Igreja presente nessa realidade fomentando a reflexão e um trabalho comum, ou seja, olhando a realidade do povo da América Latina e do Caribe, tem a função de propor projetos de evangelização e ação pastoral.

A nível nacional, a Igreja é organizada pelas Conferências Episcopais com a função de articular os diversos regionais, arquidioceses e dioceses, promovendo a comunhão dos Bispos. No Brasil, temos a Conferência Nacional dos Bispos do Brasil (CNBB), com sede em Brasília – DF, e é constituída por todos os Bispos do Brasil e está estruturada por Conselhos, Comissões Episcopais, Organismos e Pastorais.

São 18 os regionais da CNBB, que dividem as diversas dioceses do Brasil, facilitando a articulação e o trabalho pastoral comum dos bispos da mesma região.

A CNBB, além dos regionais, conta ainda com diversos conselhos que têm a função de refletir e orientar as decisões a serem tomadas pela Conferência e sua presidência. Além disso, conta ainda com as Comissões Episcopais cuja função é articular o trabalho pastoral da Igreja em suas diversas dimensões. São doze as comissões episcopais pastorais:

Comissão Episcopal Pastoral para os Ministérios Ordenados;
Comissão Episcopal Pastoral para o laicato;
Comissão Episcopal Pastoral para Ação Missionária e Cooperação Intereclesial;
Comissão Episcopal Pastoral para a Animação Bíblico-Catequética;
Comissão Episcopal Pastoral para a Doutrina da Fé;
Comissão Episcopal Pastoral para a Liturgia;
Comissão Episcopal Pastoral para o Ecumenismo e o Diálogo Inter-religioso;
Comissão Episcopal Pastoral para o Serviço da Caridade, da Justiça e da Paz;
Comissão Episcopal Pastoral para a Cultura e a Educação;
Comissão Episcopal Pastoral para a Vida e a Família;
Comissão Episcopal Pastoral para a Juventude;
Comissão Episcopal Pastoral para a Comunicação Social;

Além de outras comissões instituídas pela presidência da CNBB.

No site da CNBB o catequista poderá encontrar informações mais específicas para aprofundar o assunto: <www.cnbb.net.br>. Poderá, se possível, entrar na página com os catequizandos e explorar as informações.

Por sua vez, cada Arquidiocese/Diocese tem sua organização própria, de acordo com sua realidade. De modo geral, Mitra Diocesana/Arquidiocesana é o nome jurídico atribuído a cada (Arqui)Diocese, tendo como centro administrativo e pastoral as Cúrias Diocesanas ou Arquidiocesanas.

Conclusão: O catequista encerra dizendo que a Igreja, com sua hierarquia e complexa estrutura, garante que a fé e os mandamentos deixados por Jesus sejam preservados na sua essência e a sagrada tradição seja preservada. Tudo isso garantiu que a Igreja chegasse até nós cumprindo o mandato do Senhor.

Oração final: O catequista convida os catequizandos a ficarem em pé ao redor da Mesa da Palavra e os incentiva a formularem orações e preces. Poderá rezar o Pai-nosso e concluir com a oração:

> *Senhor Deus, que enviastes vosso Espírito Santo sobre homens e mulheres para que ao longo do tempo organizarem a Igreja, preservando a essência do anúncio da fé. Fazei que toda a hierarquia de nossa Igreja e todos que estão ao seu serviço sejam verdadeiras testemunhas e construtores do teu Reino. Por Cristo, nosso Senhor. Amém.*

Após a oração, o catequista impõe as mãos sobre a cabeça de cada catequizando e traça o sinal da cruz em sua fronte, dizendo: "*Somos Igreja, ...N..., vai em paz e que o Senhor te acompanhe! Amém*".

Material de apoio

Santa Sé ou **Sé Apostólica** é o nome dado à natureza "jurídica" da Igreja. É a Santa Sé que a representa legalmente, ou seja, o sujeito de direito internacional que assina os acordos e tem relações diplomáticas com outros países. O Estado do Vaticano é o território sobre o qual a Santa Sé tem soberania. Os representantes diplomáticos da Santa Sé são chamados de Núncios Apostólico, presentes em quase todos os países do mundo.

Cúria Romana é o órgão administrativo da Santa Sé, que tem a função de organizar e conduzir o pleno funcionamento da Igreja. Pode ser comparado aos diversos ministérios de um governo.

Alguns vídeos disponíveis no YouTube com reportagens sobre a estrutura da Igreja Católica poderão ser partilhados com os catequizandos como ilustração, através de aplicativos de troca de mensagens e rede sociais. Seguem algumas sugestões:

"Os cargos e a estrutura da Igreja Católica Apostólica Romana". Disponível em: <www.youtube.com/watch?v=DnYaiFa8LtA>.

"Bem-Vindo Romeiro / Gostas de liturgia: A hierarquia da Igreja – 18 de Maio 2015". Disponível em: <www.youtube.com/watch?v=KVehqArAHSw>.

"Programa 01: Organização da Igreja, três poderes, jurisdição, tribunal eclesiástico". Disponível em: <www.youtube.com/watch?v=T472LCpbfg4>.

"A História do Conclave". Disponível em: <www.youtube.com/watch?v=w9ULZhuBN3Q>.

Diocese ou **Arquidiocese:** também chamada de "Igreja Particular", a diocese ou arquidiocese é formada por várias paróquias que têm como pastor o bispo ou Arcebispo.

Lembramos que a diferença de diocese e da arquidiocese é que a arquidiocese é a sede de uma província, que nada mais é que a junção de um grupo de dioceses.

ORGANOGRAMA SIMPLIFICADO DA ORGANIZAÇÃO DA IGREJA DO BRASIL

Presidência

Conselhos

Comissões Episcopais Pastorais e outras

Regionais da CNBB

N1 – Norte 1 (Norte do Amazonas e Roraima)

N2 – Norte 2 (Amapá e Pará)

NE1 – Nordeste 1 (Ceará)

NE2 – Nordeste 2 (Alagoas, Paraíba, Pernambuco, Rio Grande do Norte e Fernando de Noronha)

NE3 – Nordeste 3 (Bahia e Sergipe)

NE4 – Nordeste 4 (Piauí)

NE5 – Nordeste 5 (Maranhão)

L1 – Leste 1 (Rio de Janeiro)

L2 – Leste 2 (Espírito Santo e Minas Gerais)

S1 – Sul 1 (São Paulo)

S2 – Sul 2 (Paraná)

S3 – Sul 3 (Rio Grande do Sul)

S4 – Sul 4 (Santa Catarina)

CO – Centro Oeste (Distrito Federal, Goiás, Tocantins e parte do Mato Grosso)

O1 – Oeste 1 (Mato Grosso do Sul)

O2 – Oeste 2 (Mato Grosso)

NO – Noroeste (Rondônia, Acre e sul do Amazonas)

Arquidioceses/Províncias Eclesiásticas

Dioceses

Paróquias

Comunidades

A videira e os ramos

Palavra inicial: Neste encontro queremos refletir com nossos catequizandos sobre a analogia que Jesus faz de si mesmo e da comunidade por Ele criada como a videira e seus ramos, mostrando-nos a necessidade de estarmos unidos a Ele para produzir frutos e, de modo especial, a importância das "podas" em nossas vidas.

Preparando o ambiente: Ambão com toalha da cor do tempo litúrgico, Bíblia, vela, flores e imagem de uma videira.

Acolhida: O catequista acolhe os catequizandos com o dizer: "Somos ramos da mesma videira, ...N..., seja bem-vindo!", ou outro semelhante.

Recordação da vida: Ao redor da Mesa da Partilha ou Palavra, lembrar fatos e acontecimentos que marcaram a semana. Lembrar que, no último encontro, falávamos da organização da Igreja.

NA MESA DA PALAVRA

Oração inicial: O catequista conduz a oração de maneira espontânea e, depois, pode convidar a cantar ou rezar invocando o Espírito Santo.

O catequista convida a todos para cantarem aclamando o Evangelho e, em seguida, orienta um catequizando para proclamar o texto indicado.

Leitura do texto bíblico: Jo 15,1-8.

Depois de um momento de silêncio, o catequista lê o texto novamente, devagar, destacando alguns pontos.

> *Eu sou a videira verdadeira e meu Pai é o agricultor. [...] Eu sou a videira, vós os ramos. Quem permanece em mim, e eu nele, dá muito fruto; porque sem mim nada podeis fazer...*

O catequista convida a todos a sentarem ao redor da Mesa da Partilha.

NA MESA DA PARTILHA

Convidar os catequizandos a uma leitura silenciosa da passagem proclamada, em seguida pedir para que comentem o que cada um entendeu da parábola que Jesus contou. Na sequência, o catequista poderá comentar o texto bíblico destacando os seguintes aspectos:

- Com este texto, Jesus faz uma analogia Dele e da comunidade por Ele fundada com a videira, que era símbolo de Israel como povo de Deus. O catequista poderá pedir para que os catequizandos leiam os textos que fazem essa referência: Sl 80 (79),8-10; Is 5,1-7; Jr 2,21; Ez 19,10-12.

- A parábola começa com uma instrução de Jesus sobre a identidade e situação de sua comunidade no meio do mundo. A comunidade que Ele funda é o verdadeiro povo de Deus, ou seja, agora não mais só o povo judeu, mas todos que aderirem ao seu projeto. A identidade da comunidade vem do Espírito Santo que continuamente recebe Jesus (a seiva da videira) e mantém-se unido a Ele, que assegura sua fecundidade.
- Os seis primeiros versículos podem ser divididos em três partes:
    - 15,1-2: atividade do Pai.
    - 15,3-4: a comunidade, condição para dar fruto.
    - 15,5-6: o discípulo que pode dar fruto ou ser estéril.
- No Antigo Testamento Deus tinha uma vinha, no Evangelho de João, o Senhor mesmo é esta vinha. É por isso que ela pode dar finalmente os frutos esperados.
- O texto mostra uma ruptura: não mais o antigo Israel, mas Cristo e os discípulos que permanecem nele é que são o verdadeiro povo de Deus.
- A comunidade está protegida, salva e é fecunda em Cristo, mas a possibilidade de o pecado e de o mal atingi-la não está ausente.
- Jesus começa, portanto, com uma advertência severa que define a missão desta comunidade dizendo que o critério do juízo são os frutos: o ramo frutífero é podado, mas o ramo estéril é queimado.
- Mais em profundidade, o critério é permanecer em Cristo em absoluta dependência e a comunidade é condição para o fruto. A humanidade deve estar aberta a Deus e disponível a obedecê-lo.
- O versículo 5b, *"quem permanece em mim, e eu nele, dá muito fruto"*, é o mesmo dito em Jo 6,56: *"quem come a minha carne e bebe o meu sangue, permanece em mim e eu nele"*.

Diante desta análise do texto de João, pode-se dizer que Jesus é a videira verdadeira e cada um de nós, a Igreja, somos os seus ramos. Jesus nos alimenta com sua Palavra e com o Seu Corpo e Sangue, a Eucaristia, para que possamos continuar o projeto de construir um novo céu e uma terra por Ele iniciado (o Reino de Deus).

Como Igreja, cada um de nós, inseridos dentro das diversas pastorais e comunidades, devemos dar os frutos que o Pai espera de nós: servir os mais pobres e necessitados, anunciando o Reino de Deus e pregando o Evangelho. As pastorais, comunidades, associações e movimentos, portanto, tornam-se lugares privilegiados para colocar meus dons a serviço da Igreja e produzir frutos.

É importante recordar, ainda, que a convivência na Igreja, em pequenos grupos, possibilita-nos ser "podados" e a nos conhecermos, tornando-nos melhores e mais dóceis à vontade de Deus e abertos à sua misericórdia.

As podas são necessárias para nossas vidas e podem ser muitas, além de acontecerem de diversos modos. O catequista poderá questionar se os catequizandos sabem a importância da poda de uma planta, e como nós podemos ser podados de modo especial no ambiente eclesial.

Depois de ouvi-los, o catequista diz que inúmeras são as podas que passaremos durante nossas vidas: a dor da perda de um ente querido; a reprovação no vestibular, em alguma disciplina da faculdade ou na busca de um emprego; o término de um namoro... enfim, não importa o que seja, e o quão dolorido possa ser, o importante é a maneira como "encararemos" cada situação. Confiantes em Deus, e repletos de esperança, devemos olhar "as podas" como oportunidades de crescimento e amadurecimento, de mudança e de fortalecimento. O mesmo vale, portanto, com as podas que levamos no trabalho pastoral e no relacionamento e na vivência em comunidade.

Conclusão: O catequista conclui dizendo que o ser cristão só tem sentido se vivermos em comunidade, ouvindo a Palavra de Deus, partindo e comendo da Eucaristia. Unidos a Cristo e fortalecidos por Ele, nos colocamos a serviço uns dos outros produzindo os frutos necessários.

No próximo encontro, portanto, iremos continuar nossa reflexão e enxergaremos a Igreja como a vinha do Senhor, à qual somos chamados a cultivar.

Oração final: Ao redor da Mesa da Palavra, motivar os catequizandos a formular orações e preces pedindo a Deus para que possam produzir muitos frutos. O catequista convida a todos a rezarem o Pai-nosso e conclui com a oração:

> *Deus, Pai de bondade que com carinho cultivastes a vossa vinha. Vinde em nosso socorro para que possamos permanecer unidos à videira verdadeira, Jesus Cristo, e possamos produzir os frutos para a sua honra e glória. Por Cristo, Senhor Nosso. Amém.*

Após a oração, o catequista impõe as mãos sobre a cabeça de cada catequizando e traça o sinal da cruz em sua fronte, dizendo: *"....N...., ramo da videira que é Cristo, vai em paz, que o Senhor te acompanhe! Amém"*.

26º Encontro
Vinde trabalhar na minha vinha

Palavra inicial: Neste encontro queremos apresentar aos catequizandos todas as comunidades, pastorais, movimentos e associações presentes na paróquia, e que fazem com que o Reino de Deus seja anunciado.

Preparando o ambiente: Ambão com toalha da cor do tempo litúrgico, Bíblia, vela e flores. Imagem de uma videira tendo em cada folha o nome de comunidades, pastorais, movimentos e associações presentes na paróquia.

Acolhida: O catequista acolhe os catequizandos com o dizer: "Deus te chama a ir trabalhar em sua vinha, ...N..., bem-vindo!". Quando já estiverem na sala, saúda a todos mais uma vez, desejando-lhes boas-vindas.

Recordação da vida: Ao redor da Mesa da Partilha ou da Palavra, o catequista poderá perguntar sobre o encontro anterior, pedindo para que partilhem o que lhes marcou e para que comentem algo de seus registros no Diário. Poderá destacar, ainda, os acontecimentos importantes que possam ter ocorrido na vida da comunidade.

NA MESA DA PALAVRA

Oração inicial: O catequista motiva a oração valorizando tudo o que foi expressado na recordação da vida e invoca o Espírito Santo, cantando ou rezando.

Após todos cantarem aclamando o santo Evangelho, um catequizando se dirige ao ambão e proclama o texto indicado.

Leitura do texto bíblico: Mt 20,1-16.

Após uns minutos de silêncio, o catequista lê novamente, desta vez pausadamente, destacando alguns pontos do texto.

> *O reino dos céus é semelhante a um pai de família que, ao romper da manhã, saiu para contratar trabalhadores para sua vinha. Acertando com eles o preço da diária, mandou-os para sua vinha. Saiu às nove horas da manhã e viu outros na praça sem fazer nada. E lhes disse: "Ide também vós para a vinha [...] Saiu de novo, por volta do meio dia e das três horas da tarde, e fez o mesmo...*

O catequista convida a todos a sentarem ao redor da Mesa da Partilha.

NA MESA DA PARTILHA

Reconstruir com os catequizandos o texto bíblico e incentivá-los a partilhar o que entenderam. Depois, convidar para uma leitura silenciosa da passagem proclamada observando algum detalhe ainda não comentado. Se houver algo, todos podem partilhar.

Retomar com os catequizandos que, no encontro passado, o texto do Evangelho dizia que nós somos ramos da videira que é Cristo, e o Pai, o agricultor. Após possíveis comentários, o catequista destaca que o texto deste encontro continua na mesma perspectiva, porém o aprofunda com uma mudança de paradigma e explora os seguintes pontos do texto:

- Na parábola, Jesus apresenta Deus como o pai de família que sai pela manhã e envia os trabalhadores para a sua vinha (o Reino de Deus), combinando com eles o valor justo.
- O dono da vinha sai outras horas do dia e, ao se deparar com pessoas paradas que estavam dispostas a trabalhar, porém não haviam sido contratadas, as envia também para a vinha.
- No final do dia, todos recebem o mesmo salário. Os que trabalharam mais e os que trabalharam menos. Podemos nos questionar: considerando os trabalhadores que passaram mais tempo na vinha, é justo todos ganharem o mesmo valor?
- A lógica de Deus, porém, é diferente da nossa. Os trabalhadores da última hora referem-se àqueles que não tiveram oportunidade de conhecer o Senhor, de fazer experiência com Ele. Aqueles que nunca ouviram falar do seu nome...
- Deus é aquele que sempre nos dá uma nova chance, que insiste, e constantemente nos chama a ir trabalhar na sua vinha. Nesse sentido uns têm a graça de se converterem mais cedo e de se engajarem na construção do Reino, outros mais tarde, e outros ainda apenas nos últimos suspiros da vida. E, no final, a recompensa é o Reino dos céus a todos.
- Para nós surgem perguntas como: "aquele que matou, roubou e fez coisas erradas a vida toda, ganhará o céu como eu que sempre fui bom?". SIM! Se ele se converteu, se arrependeu de tudo que fez e aceitou Jesus como salvador, ele receberá o céu como os que sempre foram bons.
- A diferença é que os que foram bons já começaram a viver o céu aqui na Terra. Têm uma vida melhor com a consciência tranquila. Conseguem superar seus problemas e dificuldades com mais tranquilidade e serenidade, diferente dos outros que vivem fugindo das consequências de seus atos.
- A lógica de Deus, portanto, é diferente da nossa. Não se ganha por mérito, pois a graça de Deus e seu amor são gratuitos. Deus não olha o pecado, mas o coração do pecador. A nós basta apenas aceitá-lo na nossa vida. "Aquele de vós que estiver sem pecado atire-lhe a primeira pedra" (Jo 8,7). Lembremos que Jesus morreu pelos pecadores.

O catequista motiva os catequizandos com a pergunta: por que refletir essa parábola neste encontro? Depois de ouvi-los, comentar que estamos nos aproximando do término de mais uma etapa da catequese. Nesse processo fomos constantemente chamados a ser discípulos missionários de Jesus Cristo, a assumir a missão que Ele nos deixou, a anunciar o Evangelho, a continuar a construir o Reino e a batizar em nome da Santíssima Trindade (Pai – Filho – Espírito Santo).

Nesse processo de assumir o mandato e a missão que Deus nos enviou, uns se engajaram e se comprometeram mais enquanto outros menos. Hoje, com essa reflexão, compreendemos que o Pai insiste conosco e nos dá uma nova chance de respondermos o nosso sim: "Ide também vós para a vinha e eu vos darei o que for justo" (Mt 20,4). Deus é aquele que nos chama e não nos decepciona. A vida junto Dele é uma vida que vale a pena...

O catequista explica que hoje a vinha que o Pai nos envia a trabalhar é a sua Igreja. Inúmeras comunidades, pastorais, movimentos e associações estão padecendo por falta de operários, ou seja, de quem está disposto a voluntariamente preparar-se e ajudar nas tarefas que são diversas e importantes ao desenvolvimento das pessoas e de sua dignidade.

Mostrar então o organograma em forma de videira (ver exemplo no *Material de Apoio*) com os nomes de todos os grupos atuantes na paróquia, e apresentar brevemente a função e finalidade de cada um.

Conclusão: O catequista finaliza dizendo que é necessário cada um já ir pensando e buscando conhecer melhor uma das comunidades, pastorais, movimentos ou associações, pois serão convidados a se engajar em um deles para um estágio pastoral e, assim, assumir o compromisso batismal de ser discípulo missionário de Jesus Cristo, sendo responsável por construir o Reino de Deus. Essa sem dúvida é mais uma chance que o Pai nos dá de ir trabalhar em sua vinha.

Oração final: O catequista convida os catequizandos a ficarem em pé ao redor da Mesa da Palavra para fazerem preces e louvores. Reza o Pai-nosso e conclui com a oração:

> *Pai do céu, que por amor e gratuidade sacrificou o próprio Filho para nos salvar. Na sua infinita misericórdia a cada dia nos chama e nos dá uma nova chance de ir trabalhar em sua vinha. Pedimos que venha em nosso socorro e nos fortaleça na decisão de darmos o nosso sim. Por Cristo, nosso Senhor. Amém.*

Após a oração, o catequista impõe as mãos sobre a cabeça de cada catequizando e traça o sinal da cruz em sua fronte, dizendo: "*Ide trabalhar na vinha que é a Igreja, ...N..., vai em paz e que o Senhor o acompanhe!*".

Material de apoio

O organograma da videira a seguir é apenas um exemplo. Nomes de grupos que não estão presentes em sua paróquia poderão ser suprimidos e outros acrescidos. O importante é ter um retrato de todos os grupos atuantes na comunidade eclesial.

"Eu sou a videira, vós os ramos. Quem permanece em mim, e eu nele, dá muito fruto." (Jo 15,5)

Quem sou eu na Igreja

Palavra inicial: Neste encontro queremos levar os catequizandos a refletirem que todos nós temos dons e talentos, os quais, além de serem usados para nossa vida pessoal e profissional, podem ser colocados a serviço da comunidade e da construção do Reino de Deus. Almeja-se, também, ajudar os catequizandos a reconhecerem a importância de cada um assumir o seu papel e sua função dentro da Igreja.

Preparando o ambiente: Ambão com toalha da cor do tempo litúrgico, vela e flores.

Acolhida: O catequista acolhe os catequizandos com o dizer "Deus te chama a servi-Lo em sua Igreja ...N...!". Na sala, saúda a todos mais uma vez, desejando-lhes boas-vindas.

Recordação da vida: Após serem acolhidos, ao redor da Mesa da Partilha ou da Palavra, o catequista convida a fazer uma retrospectiva da semana. Depois, poderá perguntar sobre as atividades propostas no Diário: o gesto concreto para viver e testemunhar integralmente a fé.

NA MESA DA PALAVRA

Oração inicial: O catequista motiva a oração, invocando o Espírito Santo e concluindo com uma oração espontânea.

O Catequista convida um catequizando a dirigir-se até o ambão e proclamar o texto bíblico.

Leitura do texto bíblico: 1Cor 12,12-26.

Depois de um período de silêncio, o catequista lê o texto novamente, desta vez pausadamente e destacando alguns pontos.

> *Ora, o corpo não é um só membro mas muitos. [...] O olho não pode dizer à mão: "não preciso de ti". Nem tampouco a cabeça aos pés: "Não necessito de vós". [...] Ora, Deus dispôs o corpo dando maior dignidade ao que dela carecia, a fim de que não houvesse divisões no corpo, mas que todos os membros tivessem a mesma solicitude uns com os outros...*

O catequista convida a todos a sentarem ao redor da Mesa da Partilha.

NA MESA DA PARTILHA

Reconstruir com os catequizandos o texto bíblico. Depois, pedir para abrir suas Bíblias na passagem proclamada na Mesa da Palavra e convidar a uma leitura silenciosa, observando algum detalhe não comentado na reconstrução do texto. Se houver algo, todos podem partilhar.

O catequista poderá perguntar aos catequizandos: por que Jesus compara a Igreja a um corpo? Depois de ouvir, o catequista partilha o texto dizendo que assim como o corpo cada membro tem sua função e necessidade, assim também é a Igreja. A Igreja somos todos nós, cuja cabeça é Cristo. Cada um de nós tem uma função e importância para o bom funcionamento da comunidade.

Refletimos no encontro passado que a Igreja é a grande vinha do Senhor, e nós somos chamados a nela trabalhar, além do testemunho que devemos dar enquanto cristãos em nosso trabalho e profissão que escolhemos, ou seja, a nossa função de Batizados significa assumir de modo especial nosso lugar na Igreja. Como cristãos, temos o dever e compromisso por manter a estrutura e organização da Igreja e comunidade da qual participamos. Somos responsáveis por fazê-la funcionar. Sendo assim, além do trabalho proveniente da profissão que exercemos, temos que doar também os nossos dons e talentos a serviço da comunidade em que estamos inseridos.

Na igreja, todos que ali desempenham uma função estão a serviço de todo o Corpo. A Igreja é o único lugar onde todos somos iguais, não existe serviço melhor ou maior, todos têm a sua dignidade e necessidade. Quando vemos algo que não está saindo bem ou notamos a falta de pessoas para algum serviço é porque nós, cristãos, não nos conscientizamos de que alguém não fez a sua parte, ou de que alguém não assumiu o seu compromisso e o seu papel diante da missão.

No versículo 25 do texto proclamado lemos: "que não houvesse divisões no corpo, mas que todos os membros tivessem a mesma solicitude uns com os outros". Sendo assim, somos chamados, vocacionados, a dar um pouco de nosso tempo em favor da comunidade, colocando nossos dons e talentos a serviço dela: cantar, tocar, fazer parte de algum ministério ou pastoral. Ajudar nas promoções, na limpeza, ornamentação, acolhida... enfim, na Igreja existe lugar para todos. Muitos são os trabalhos, e cada um deve assumir a sua função de acordo com suas habilidades e talento. De acordo com nossas habilidades, dons e talento, somos chamados ao trabalho que mais nos identificamos junto ao corpo que é a Igreja, ou ainda junto à grande vinha do Senhor.

O catequista poderá perguntar como cada catequizando pode descobrir qual é o seu lugar e qual o seu papel no grande corpo que é a Igreja. Após ouvi-los, comentar que é preciso descobrir o nosso lugar na Igreja, e desempenhar com amor e responsabilidade nosso serviço. O catequista poderá questionar se os catequizandos já participam de alguma pastoral ou movimento, ou se desempenham algum serviço na comunidade. Permitir que aqueles que participem falem um pouco do que fazem e como se sentem desempenhando o seu papel e função na Igreja.

Depois dessa conversa, informar que no próximo encontro irão ajudar a organizar a "festa da unidade paroquial", onde todos terão a oportunidade de se encontrar com membros de cada grupo e conhecer melhor a atuação de cada um.

Conclusão: Estimular os catequizandos a se engajarem na vida da Igreja, falando da importância de nos colocarmos a serviço uns dos outros e de assumirmos nosso lugar na comunidade de fé. Por fim, incentivá-los a realizarem as atividades propostas no Diário Catequético e Espiritual.

Oração final: Ao redor da Mesa da Palavra, o catequista motiva a oração final na qual poderão ser feitos pedidos e preces por toda a Igreja e pelo crescimento do Reino de Deus. Conclui-se com o Pai-nosso e com a oração:

> *Deus, Pai de bondade, te louvamos e agradecemos por nos ter dado dons e talentos para colocarmos a serviço da Tua Igreja. Pedimos que nos fortaleça com o dom do Espírito Santo para que possamos servir mais e melhor, com humildade e responsabilidade no comunidade e família de fé. Por nosso Senhor Jesus Cristo. Amém.*

Após a oração, o catequista impõe as mãos sobre a cabeça de cada catequizando e traça o sinal da cruz em sua fronte, dizendo: *"Colocai seus dons a serviço do Corpo de Cristo ...N..., vai em paz e que o Senhor te acompanhe! Amém"*.

Material de apoio

Orientações: Para o próximo encontro, no qual sugerimos que os catequizandos sejam envolvidos na organização da "festa da unidade paroquial", que será uma oportunidade de celebrar a unidade paroquial na diversidade de serviços e ministérios, será necessária a prévia articulação juntamente com o padre e todos os responsáveis pelos grupos atuantes na paróquia. É preciso já estar definido: data, horário, papel e função de cada um nesse tão importante e necessário evento, para o processo de iniciação cristã de nossos catequizandos.

Sugerimos a leitura dos próximos encontros, bem como das orientações para a terceira etapa do processo catequético, apresentadas no "Subsídio para Encontros de Catequese – Crisma 3ª Etapa – Catequista" que acompanha este volume.

Se preparando para a festa da unidade paroquial

Palavra inicial: Neste encontro queremos orientar os catequizandos para a participação da festa da unidade paroquial, conhecendo o que fazem as várias comunidades, pastorais, movimentos e associações para escolherem a que mais se identificam, de modo que possam desenvolver seu estágio pastoral durante a terceira etapa da catequese crismal. Ainda, envolver os catequizandos na organização e realização desta festa, distribuindo-lhes serviços e responsabilidades.

Preparando o ambiente: Ambão com toalha da cor do tempo litúrgico, Bíblia, flores, vela e imagem da Igreja matriz da paróquia.

Acolhida: O catequista acolhe os catequizandos saudando-os com o dizer: "Somos Igreja, ...N..., a vinha do Senhor. Seja bem-vindo!".

Recordação da vida: Quando todos estiverem na sala do encontro, o catequista convida-os para se colocarem ao redor da Mesa da Partilha ou da Palavra, onde trarão presentes fatos e acontecimentos que marcaram a semana e a vida da comunidade.

NA MESA DA PALAVRA

Oração inicial: O catequista conduz a oração de maneira espontânea, podendo invocar o Espírito Santo.

Em seguida, um catequizando dirige-se ao ambão e proclama o texto bíblico.

Leitura do texto bíblico: At 3,1-8.

Depois de um momento de silêncio, o catequista lê o texto novamente, devagar, destacando alguns pontos.

> ...Pedro, porém, disse: 'Não tenho nem ouro nem prata, mas o que tenho eu te dou: Em nome de Jesus Cristo Nazareno põe-te a caminhar!...

O catequista convida a todos a sentarem ao redor da Mesa da Partilha.

NA MESA DA PARTILHA

Incentivar os catequizandos a socializarem uma mensagem que tenham tirado do texto bíblico. Depois de ouvi-los, dizer que no encontro de hoje irão ajudar a pensar e a preparar a "festa da unidade paroquial".

O catequista reflete que, assim como Pedro e João deram àquele homem tudo que tinham, a fé no Senhor, e com isso transformaram a sua vida, nós também, todos os batizados, cristãos e cristãs, como Igreja podemos oferecer à nossa sociedade e ao nosso mundo o que temos de melhor: a nossa fé em Cristo.

O catequista questiona: "Diante de minha fé, o que tenho para dar, para oferecer à Igreja, para que como um de seus membros possa transformar as inúmeras realidades de nosso mundo?". Depois de ouvi-los, dizer que, de acordo com o dom e com o que cada um gosta de fazer, devemos nos colocar a serviço. Destacar que a festa da unidade paroquial que juntos irão preparar é uma oportunidade para o engajamento nas atividades da paróquia e, assim, buscar o grupo com o qual cada um se identifica para colocar-se a serviço.

O catequista então conduz de acordo com cada realidade o processo de preparação da festa apresentando aos catequizandos a intenção: ser um momento em que cada pastoral, comunidade, movimento e associação pertencente à paróquia possa apresentar o trabalho que desenvolve. Após terem esse entendimento sobre o evento, solicitar sugestões e contribuições sobre como podem realizar a divisão de tarefas, decoração do ambiente e outras atividades, engajando ao máximo os catequizandos na preparação de tão importante momento para a vida paroquial. Depois de ouvir as sugestões e contribuições, o catequista define com os catequizandos como procederão e dividirão a organização da festa, envolvendo-os nas atividades: confecção e distribuição de convites aos familiares, amigos e comunidade; ornamentação e decoração do espaço, bem como na organização de mesas e cadeiras onde será realizada a festa; preparação de um momento de oração inicial; preparação do espaço de apresentação para que as pastorais possam expor suas atividades...

Nesse processo é importante informar aos catequizandos que a data será apresentada ao pároco e aos coordenadores dos grupos/pastorais. Isto para que compreendam todo o processo de um trabalho comunitário e acompanhem que, ao envolver mais pessoas numa atividade, é necessário tempo para planejar e organizar-se para realizá-la. Esclarecer que, após aprovação da data, se fará reuniões para definir os encaminhamentos, por isso a proposta de organização da festa precisa ser clara para tudo fluir bem: data, local, horário, o que cada pastoral precisa preparar e qual o espaço que possui para expor seu material, seu trabalho, se haverá um momento em que cada pastoral falará do seu trabalho e quanto tempo terá para isso, se haverá um momento de lanche compartilhado e o que cada pastoral precisa trazer para que isso aconteça, qual será a função do Conselho Paroquial de Pastoral (CPP), quem irá cuidar da confecção e distribuição dos convites, quem serão os convidados, quem cuidará da organização dos espaço, quem irá preparar o momento de oração inicial....

A festa da unidade paroquial poderá acontecer num domingo, o dia todo, ou numa manhã, numa noite, num final de semana junto a um retiro, ou acampamento... Enfim, a estrutura e organização dependerá de cada paróquia. É importante que a data já tenha sido definida e aprovada com o padre juntamente com os coordenadores dos grupos atuantes na paróquia. No Conselho Paroquial de Pastoral (CPP) poderá expor a dinâmica e finalidade deste momento e, reunidos enquanto representantes de todas as forças vivas da comunidade, poderão compreender a importância e assumir o compromisso de ser uma Igreja como casa da iniciação à vida cristã.

Durante a festa é necessário haver um momento em que cada pastoral, comunidade, movimento e associação pertencente à paróquia tenha um momento para apresentar aos catequizandos o trabalho desenvolvido. Poderá ser feito através de pequenos stands, onde cada grupo pode expor cartazes, banners, fotos e materiais utilizados em seu trabalho ou ministério. O nome "festa da unidade paroquial" é apenas uma sugestão que poderá ser mudada. A intenção é que seja uma oportunidade de encontro, de partilha e confraternização onde o simples fato de se encontrarem enquanto Corpo Místico de Cristo seja ocasião de festejar, celebrar o dom da unidade e partilha diante da diversidade de dons.

Motivar os catequizandos a convidar suas famílias, padrinhos e amigos para este dia especial. Por se tratar de uma festa, algumas apresentações de teatro, dança e música também poderão ser preparadas pelos catequizandos. Poderão ser convidados e envolvidos também os catequizandos das etapas da catequese de Eucaristia nestas apresentações. Sem dúvida será uma oportunidade de um grande encontro e confraternização paroquial.

Conclusão: O catequista finaliza repassando todo o cronograma do evento e valorizando todas as contribuições dadas pelos catequizandos, além de reforçar o compromisso que cada um assumiu na organização e realização da festa da unidade paroquial.

Oração final: O catequista convida os catequizandos a ficarem em pé ao redor da Mesa da Palavra e os incentiva a formularem orações e preces. Poderá rezar o Pai-nosso e concluir com a oração:

> *Senhor Deus, que nos destes dons e talentos para serem colocados a serviço da comunidade, ajudai-nos a sermos verdadeiros construtores e testemunhas do teu Reino. Por Cristo, nosso Senhor. Amém.*

Após a oração, o catequista impõe as mãos sobre a cabeça de cada catequizando e traça o sinal da cruz em sua fronte, dizendo: "*Ide conhecer a vinha, ...N..., vai em paz e que o Senhor o acompanhe! Amém*".

29º Encontro
A festa da unidade paroquial

Palavra inicial: Este dia será dedicado à paróquia, no qual cada comunidade, pastoral, movimento e associação que dela faz parte poderá montar um estande e divulgar seu trabalho.

Reunir os catequizandos em um espaço da festa para agradecer a colaboração na sua preparação e incentivá-los a escolher e se engajar em uma das pastorais.

Neste dia, ainda, poderá ser feito uma confraternização com apresentações, partilha de alimentos... Sugerimos que seja uma verdadeira festa e uma oportunidade de celebrar a unidade na grande diversidade que constitui a Igreja.

A dinâmica da festa e sua estrutura dependerá da realidade de cada paróquia ou comunidade. O importante é que toda a paróquia seja envolvida e todos participem deste momento.

Para onde vou?

Palavra inicial: Neste encontro o catequista avaliará a "festa da unidade paroquial" e verificará qual comunidade, pastoral, movimento ou associação os catequizandos escolheram para realizar seu estágio pastoral.

Preparando o ambiente: Ambão com toalha da cor do tempo litúrgico, Bíblia e vela. Cartolina com duas colunas: uma com o nome de todos os catequizandos e outra reservada para escreverem o grupo no qual irão se engajar.

Acolhida: O catequista acolhe os catequizandos saudando-os com o dizer: "rendamos graças a Deus, ...N..., seja bem-vindo!". Depois de conduzir a todos para dentro da sala, saúda-os mais uma vez, desejando-lhes boas-vindas.

Recordação da vida: Ao redor da Mesa da Partilha ou da Palavra, incentiva-os a fazer uma retrospectiva da semana. Poderão destacar, ainda, os acontecimentos importantes ocorridos na vida da comunidade.

NA MESA DA PALAVRA

Oração inicial: O catequista motiva a invocar o Espírito Santo, rezando ou cantando, e conclui com uma oração espontânea.

Um catequizando dirige-se ao ambão de onde proclama o texto bíblico.

Leitura do texto bíblico: 1Cor 3,5-11.

Depois de um momento de silêncio, o catequista lê o texto novamente, devagar, destacando alguns pontos.

> *...Eu plantei, Apolo regou; mas quem deu o crescimento foi Deus. [...] Porque nós somos cooperadores de Deus ...*

O catequista convida a todos a sentarem ao redor da Mesa da Partilha.

NA MESA DA PARTILHA

O catequista poderá pedir para abrirem suas Bíblias na passagem proclamada e convidar a uma leitura silenciosa incentivando-os, na sequência, a partilhar o que entenderam.

Aproveitando-se de todas as contribuições, o catequista diz que Paulo, ao escrever à comunidade de Coríntios, exorta a reconhecerem que todos são cooperadores de Deus. Ninguém é maior ou melhor do que ninguém. Explica que, segundo ele, se estamos aqui hoje é porque muitos vieram antes de nós, como os apóstolos e os primeiros discípulos que fizeram com que o Evangelho fosse anunciado a todas as nações. Eles foram responsáveis, como Paulo, por edificar os alicerces da Igreja. Os que vieram depois, construíram, colocaram portas, janelas, telhado... E hoje somos nós que recebemos a missão de continuar o que eles iniciaram com tanta fé e coragem.

Comentar que hoje cada um irá dizer qual grupo escolheu para se engajar. É preciso ter a consciência de que, antes de iniciarmos nossas atividades, devemos conhecer, respeitar tudo o que já foi feito e, com nossos dons e talentos, trabalhar para melhorar cada vez mais, sobretudo fortalecendo no amor e na misericórdia toda a nossa paróquia, toda a nossa Igreja.

O catequista poderá pedir para que cada um diga qual grupo escolheu e as razões por ter escolhido aquela comunidade, pastoral, movimento ou associação. Depois de ouvir, escreverá na cartolina na frente do nome de cada catequizando o grupo escolhido.

Conclusão: O catequista poderá encerrar parabenizando a escolha de cada um e expressando a importância de os jovens se engajarem nas atividades da Igreja. Pois só assim a Igreja terá um rosto jovem. Orientar, ainda, para não faltarem do próximo encontro, pois será uma oportunidade para cada um se aproximar dos responsáveis pelo grupo escolhido.

Oração Final: Ao redor da Mesa da Palavra, o catequista motiva os catequizandos a formularem preces e orações. Poderá encerrar com o Pai-nosso e com a oração:

> *Senhor nosso Deus, que cuida de cada um de nós com carinho de Pai e nos exorta à conversão, que possamos ser os profetas de nossos dias, anunciando sem medo a sua Palavra. Por Cristo, nosso Senhor. Amém.*

Após a oração, o catequista impõe as mãos sobre a cabeça de cada catequizando e traça o sinal da cruz em sua fronte, dizendo: *"Louvado seja Deus por sua escolha, ...N..., vai em paz e que o Senhor o acompanhe! Amém"*.

OBSERVAÇÃO

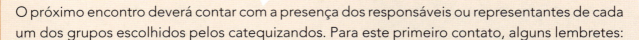

O próximo encontro deverá contar com a presença dos responsáveis ou representantes de cada um dos grupos escolhidos pelos catequizandos. Para este primeiro contato, alguns lembretes:

- Conversar com os representantes solicitando que tenham um roteiro sobre o que faz o grupo, datas e horários dos encontros que os catequizandos deverão participar, dentre outras informações para a atuação deles.
- Conferir se será necessário alterar o dia e horário do encontro, favorecendo assim a participação e representatividade de todos os grupos. Não esqueçam de organizar esse momento com antecedência, comunicando os catequizandos das alterações caso tenham acontecido.

31° Encontro

Conhecendo minha comunidade, pastoral, movimento ou associação

Palavra inicial: O objetivo deste encontro é levar os coordenadores e responsáveis pelas comunidades, pastorais, movimentos e associações escolhidos pelos catequizandos para um primeiro contato e uma conversa mais personalizada.

Preparando o ambiente: Ambão com toalha da cor do tempo litúrgico, vela e Bíblia.

Acolhida: O catequista acolhe os catequizandos saudando-os carinhosamente com o dizer: "Vai trabalhar na minha vinha, ...N..., seja bem-vindo!".

Recordação da vida: Neste momento, recordar fatos e acontecimentos que marcaram a vida dos catequizandos e da comunidade. Poderá ainda acolher de modo especial os representantes dos grupos que vieram para se encontrar com os catequizandos.

NA MESA DA PALAVRA

Oração inicial: O catequista, reunindo todos os acontecimentos da recordação da vida, motiva a oração invocando o Espírito Santo.

Um catequizando dirige-se ao ambão e proclama o texto bíblico. Antes, porém, todos poderão cantar aclamando o Evangelho.

Leitura do texto bíblico: Mt 21,28-31a.

Depois de um momento de silêncio, o catequista lê o texto novamente, devagar, destacando alguns pontos.

> *Filho, vai hoje trabalhar na vinha. Ele, porém, respondeu: "Não quero ir". Mas depois se arrependeu e foi [...] Qual dos dois fez a vontade do pai?*

O catequista convida a todos a sentarem ao redor da Mesa da Partilha.

NA MESA DA PARTILHA

O catequista estimula os catequizandos a partilharem o que entenderam do texto e a responderem a pergunta: "Qual dos dois fez a vontade do pai?". Depois de ouvi-los e, se necessário, reforçar ou completar o que foi dito, o catequista comenta que hoje, de maneira mais intensa, deverão ouvir este chamado que Deus Pai lhes faz: "Filho, vai trabalhar na vinha".

Em seguida, o catequista apresenta todos os representantes dos diversos grupos ali presentes, identificando a qual comunidade, pastoral, movimentos e associação pertencem. O catequista orienta os catequizandos dizendo que será um momento importante para se aproximarem e conhecerem melhor o grupo em que irão se engajar, realizando seu trabalho pastoral, podendo tirar todas as dúvidas, inteirando-se das atividades realizadas, bem como os dias, horários e local das reuniões e encontros dos quais deverá participar.

O catequista pede para que cada catequizando se reúna com a representante do grupo que escolheu por um tempo, depois todos poderão voltar para partilhar algo que lhes chamou atenção ou que acharam importante.

Conclusão: O catequista encerra dizendo que, no próximo encontro, receberão todas as orientações necessárias para o estágio pastoral e os encontros com o catequista que deverão ter ao longo desse período. Ainda organizarão a missa de envio, momento importante no qual serão acolhidos oficialmente para o trabalho pastoral.

Oração final: O catequista convida os catequizandos a ficarem em pé ao redor da Mesa da Palavra para a oração final. Incentiva-os a formularem pedidos e preces, de modo especial pela nova missão que irão assumir. Pode-se rezar o Pai-nosso e concluir com a oração:

> *Ó Deus, fonte de toda a vida, que nos chamastes e escolhestes para trabalhar em Sua vinha. Que o Senhor sustente e fortaleça nossos catequizandos na nova missão que irão assumir e a todos nós na caminhada rumo ao reino definitivo. Por Cristo, nosso Senhor. Amém.*

Após a oração, o catequista impõe as mãos sobre a cabeça de cada catequizando e traça o sinal da cruz em sua fronte, dizendo: *"Deus te conduzirá, ...N..., vai em paz e que o Senhor o acompanhe!"*.

32° Encontro

Inseridos na ação pastoral da Igreja

Palavra inicial: Nesse encontro, os catequizandos serão orientados sobre a celebração de envio para o estágio pastoral e como acontecerão os encontros de catequese a partir da celebração.

Preparando o ambiente: Ambão com toalha da cor do tempo litúrgico, vela e flores. Cópias do calendário dos meses subsequentes.

Acolhida: O catequista acolhe os catequizandos saudando-os com o dizer: "semeai sem cessar o Evangelho, ...N..., seja bem-vindo!". Depois de conduzi-los para dentro da sala, saúda a todos mais uma vez, desejando-lhes boas-vindas.

Recordação da vida: Ao redor da Mesa da Partilha ou da Palavra, o catequista convida-os a fazer uma retrospectiva da semana e do encontro anterior. Pode-se destacar, ainda, os acontecimentos importantes que ocorreram na vida da comunidade.

NA MESA DA PALAVRA

Oração inicial: O catequista motiva a oração valorizando tudo o que foi expressado na recordação da vida. Convida-os para, juntos, invocarem o Espírito Santo rezando ou cantando.

O catequista convida a todos para cantarem aclamando o Evangelho e, em seguida, orienta um catequizando para proclamar o texto indicado.

Leitura do texto bíblico: Mc 4,1-9.14-20.

Após alguns minutos de silêncio, o catequista lê o texto novamente, pausadamente, destacando alguns pontos.

> *O semeador semeia a palavra. [...] Os que recebem a semente em terra boa são aqueles que ouvem a palavra, acolhem-na e dão fruto, uns trinta, outros sessenta e outros cem.*

O catequista convida a todos a sentarem ao redor da Mesa da Partilha.

NA MESA DA PARTILHA

Convidar os catequizandos a realizarem uma leitura silenciosa do texto bíblico proclamado. Depois incentivá-los a partilhar o que compreenderam.

Valorizando todas as contribuições, o catequista poderá fazer uma comparação entre a parábola e a vida pastoral. Assim como o semeador lançou as sementes e estas caíram em diversos tipos de terreno, imagem do coração das pessoas, assim também será nosso trabalho pastoral.

Explicar aos catequizandos que encontrarão inúmeros desafios: seja dentro da própria igreja e do grupo em que estiverem atuando, pois são pessoas com visões e formações diferentes, seja nas ruas onde levarem a Palavra de Deus. Em todos os casos, é preciso ter a consciência de que somos diferentes e nem sempre enxergamos as coisas na mesma ótica. Ainda, que somos limitados, temos defeitos... Mas, mais que olhar os defeitos, precisamos ter a maturidade de reconhecer as qualidades do outro. Com certeza todos nós temos muito mais qualidades do que defeitos. E isso só é possível quando nos reconhecemos pecadores e deixamos Deus e sua Palavra agirem em nossas vidas.

Nesse sentido, é importante sempre colocarmos o Reino de Deus em primeiro lugar, respeitar as diferenças e trabalhar para que a comunidade cresça cada vez mais, tendo a humildade de reconhecer que nem sempre temos razão e sabemos de tudo.

O catequista poderá então pedir que os catequizandos elenquem situações e conflitos que normalmente podem acontecer quando pessoas diferentes se reúnem. Depois de ouvi-los, poderá questioná-los sobre como nós, cristãos, devemos nos comportar diante dos conflitos e das divergências que poderão surgir, fazendo com que os valores e ensinamentos evangélicos sejam vivenciados.

Se for oportuno, o catequista poderá orientar os catequizandos sobre os desafios que talvez terão que superar em alguns grupos ou comunidades, onde encontrarão estruturas engessadas e não dinâmicas. Recordar a frase de São João Paulo II, "a Igreja só será jovem quando o jovem for Igreja", ressaltando que eles poderão ter um papel importante na renovação das paróquias, propondo ações que dinamizem mais a vida pastoral das comunidades e grupos. Porém, será preciso conhecer e respeitar a história, ter paciência e muito jeitinho ao propor as mudanças que poderão contribuir para uma Igreja mais jovem, humana, fraterna e misericordiosa. O vídeo "como nascem os paradigmas", sugerido no material de apoio, poderá ser refletido com os catequizandos.

O catequista conclui este primeiro momento dizendo que, de nossa parte, basta lançar as sementes, ou seja, nos colocarmos à disposição e ao trabalho. O restante não depende de nós. Deus cuidará para que, no tempo oportuno, nosso empenho e dedicação produzam os frutos necessários. Uns mais, outros um pouco menos. Para Deus não importa, pois Ele conhece o coração de cada um e sabe o tanto que cada um pode produzir.

O catequista então orienta os catequizandos de como será a celebração de envio, o local e horário que deverão chegar, bem como se procederá o envio de cada um para o trabalho pastoral.

Após orientá-los sobre a celebração, distribuir o calendário com os meses sequentes e dizer que a catequese, daquele momento em diante, será realizada de modo especial dentro do grupo em que estão se engajando e com um encontro com o catequista uma vez no mês. O catequista poderá combinar com os catequizandos o melhor dia e horário para que este encontro aconteça. Para facilitar, poderão definir um dia e uma semana específica do mês. Por exemplo: toda segunda terça-feira do mês, ou todo quarto domingo do mês. Definidos o dia e o horário, o catequista pedirá para que marquem no calendário o encontro de cada mês. Se este dia cair em um feriado ou atividade que impeça a realização do encontro, já poderão alterar a data.

Conclusão: O catequista encerra o encontro dizendo que as reuniões mensais serão uma oportunidade para partilhar o trabalho que cada um tem realizado, e ainda para auxiliá-los em alguma dificuldade que terão ou para encaminhá-los para outros grupos, se não houver se identificado com aquele que escolheu primeiramente. Além disso, o encontro será uma oportunidade para refletir e debater sobre temas atuais que surgirão no decorrer da caminhada, ajudando assim a amadurecer a fé e a assumir melhor a missão de discípulos missionários de Jesus Cristo.

Oração final: O catequista convida os catequizandos a ficarem em pé ao redor da Mesa da Palavra e os incentiva a formularem orações e preces. Conclui rezando o Pai-nosso e a oração:

> *Pai de amor, ao nos enviar a semear a sua Palavra em todos os tipos de corações, ajudai-nos a testemunhar sua ação de amor ao mundo e a revelar as maravilhas do Reino. Por Cristo, nosso Senhor. Amém.*

Após a oração, o catequista impõe as mãos sobre a cabeça de cada catequizando e traça o sinal da cruz em sua fronte, dizendo: *"...N..., semeai o Evangelho com vossa vida, vai em paz e que o Senhor te acompanhe!"*.

Material de apoio

O vídeo "Como nascem os Paradigmas – Grupo de Macacos", disponível no YouTube, poderá ser apresentado ou enviado como ilustração da realidade de muitas de nossas paróquias e comunidades, onde os catequizandos encontrarão estruturas engessadas e terão o desafio de superá-las. Disponível em: https: <www.youtube.com/watch?v=g5G0qE7Lf0A>.

Uma leitura para trabalhar com os catequizandos:

Parte do DISCURSO DO PAPA FRANCISCO DURANTE A VIGÍLIA DE ORAÇÃO COM OS JOVENS NA PRAIA DE COPACABANA NO RIO DE JANEIRO DURANTE A JORNADA MUNDIAL DA JUVENTUDE

Sábado, 27 de Julho de 2013

Queridos jovens,

Contemplando vocês que hoje estão aqui presentes, me vem à mente a história de São Francisco de Assis. Diante do Crucifixo, ele escuta a voz de Jesus que lhe diz: «Francisco, vai e repara a minha casa». E o jovem Francisco responde, com prontidão e generosidade, a esta chamada do Senhor para reparar sua casa. Mas qual casa? Aos poucos, ele percebe que não se tratava fazer de pedreiro para reparar um edifício feito de pedras, mas de dar a sua contribuição para a vida da Igreja; era colocar-se ao serviço da Igreja, amando-a e trabalhando para que transparecesse nela sempre mais a Face de Cristo.

Também hoje o Senhor continua precisando de vocês, jovens, para a sua Igreja. Queridos jovens, o Senhor precisa de vocês! Ele também hoje chama a cada um de vocês para segui-lo na sua Igreja e ser missionário. Hoje, queridos jovens, o Senhor lhes chama! Não em magote, mas um a um... a cada um. Escutem no coração aquilo que lhes diz. Penso que podemos aprender algo daquilo que sucedeu nestes dias: por causa do mau tempo, tivemos de suspender a realização desta Vigília no "Campus Fidei", em Guaratiba. Não quererá porventura o Senhor dizer-nos que o verdadeiro "Campus Fidei", o verdadeiro Campo da Fé não é um lugar geográfico, mas somos nós mesmos? Sim, é verdade! Cada um de nós, cada um de vocês, eu, todos. E ser discípulo missionário significa saber que somos o Campo da Fé de Deus. Ora, partindo da denominação Campo da Fé, pensei em três imagens que podem nos ajudar a entender melhor o que significa ser um discípulo missionário: a primeira imagem, o campo como lugar onde se semeia; a segunda, o campo como lugar de treinamento; e a terceira, o campo como canteiro de obras.

1. Primeiro: o campo como lugar onde se semeia. Todos conhecemos a parábola de Jesus sobre um semeador que saiu pelo campo lançando sementes; algumas caem à beira do caminho, em meio às pedras, no meio de espinhos e não conseguem se desenvolver; mas outras caem em terra boa e dão muito fruto (cf. Mt 13,1-9). Jesus mesmo explica o sentido da parábola: a semente é a Palavra de Deus que é lançada nos nossos corações (cf. Mt 13,18-23). Hoje – todos os dias, mas de forma especial hoje – Jesus semeia. Quando aceitamos a Palavra de Deus, então somos o Campo da Fé! Por favor, deixem que Cristo e a sua Palavra entrem na vida de vocês, deixem entrar a semente da Palavra de Deus, deixem que germine, deixem que cresça. Deus faz tudo, mas vocês deixem-no agir, deixem que Ele trabalhe neste crescimento!

Jesus nos diz que as sementes, que caíram à beira do caminho, em meio às pedras e em meio aos espinhos não deram fruto. Creio que podemos, com honestidade, perguntar-nos: Que tipo de terreno somos, que tipo de terreno queremos ser? Quem sabe se, às vezes, somos como o caminho: escutamos o Senhor, mas na nossa vida não muda nada, pois nos deixamos aturdir por tantos apelos superficiais que escutamos. Eu pergunto-lhes, mas agora não respondam, cada um responde no seu coração: Sou uma jovem, um jovem aturdido? Ou somos como o terreno pedregoso: acolhemos Jesus com entusiasmo, mas somos inconstantes; diante das dificuldades, não temos a coragem de ir contra a corrente. Cada um de nós responda no seu coração: Tenho coragem ou sou um cobarde? Ou somos como o terreno com os espinhos: as coisas, as paixões negativas sufocam em nós as palavras do Senhor (cf. Mt 13,18-22). Em meu coração, tenho o hábito de jogar em dois papéis: fazer bela figura com Deus e fazer bela figura com o diabo? O hábito de querer receber a semente de Jesus e, ao mesmo tempo, irrigar os espinhos e as ervas daninhas que nascem no meu coração? Hoje, porém, eu tenho a certeza que a semente pode cair em terra boa. Nos testemunhos, ouvimos como a semente caiu em terra boa. «Não, Padre, eu não sou terra boa! Sou uma calamidade, estou cheio de pedras, de espinhos, de tudo». Sim, pode suceder que à superfície seja assim, mas você liberte um pedacinho, um bocado de terra boa e deixe que caia lá a semente e verá como vai germinar. Eu sei que vocês querem ser terreno bom, cristãos de verdade; e não cristãos pela metade, nem cristãos "engomadinhos", cujo cheiro os denuncia pois parecem cristãos mas no fundo, no fundo não fazem nada; nem cristãos de fachada, cristãos que são "pura aparência", mas sim cristãos autênticos. Sei que vocês não querem viver na ilusão de uma liberdade inconsistente que se deixa arrastar pelas modas e as conveniências do momento. Sei que vocês apostam em algo grande, em escolhas definitivas que deem pleno sentido. É assim ou estou enganado? É assim? Bem; se é assim, façamos uma coisa: todos, em silêncio, fixemos o olhar no coração e cada um diga a Jesus que quer receber a semente. Digam a Jesus: Vê, Jesus, as pedras que tem, vê os espinhos, vê as ervas daninhas, mas vê este pedacinho de terra que te ofereço para que entre a semente. Em silêncio, deixemos entrar a semente de Jesus. Lembrem-se deste momento, cada um sabe o nome da semente que entrou. Deixem-na crescer, e Deus cuidará dela.

2. O campo... O campo, para além de ser um lugar de sementeira, é lugar de treinamento. Jesus nos pede que o sigamos por toda a vida, pede que sejamos seus discípulos, que "joguemos no seu time". A maioria de vocês ama os esportes. E aqui no Brasil, como em outros países, o futebol é paixão nacional. Sim ou não? Ora bem, o que faz um jogador quando é convocado para jogar em um time? Deve treinar, e muito! Também é assim a nossa vida de discípulos do Senhor. Descrevendo os cristãos, São Paulo nos diz: «Todo atleta se impõe todo tipo de disciplina. Eles assim procedem, para conseguirem uma coroa corruptível. Quanto a nós, buscamos uma coroa incorruptível!» (1Co 9, 25). Jesus nos oferece algo superior à Copa do Mundo! Algo superior à Copa do Mundo! Jesus oferece-nos a possibilidade de uma vida fecunda, de uma vida feliz e nos oferece também um futuro com Ele que não terá fim, na vida eterna. É o que nos oferece Jesus, mas pede para pagarmos a entrada; e a entrada é que treinemos para estar "em forma", para enfrentar, sem medo, todas as situações da vida, testemunhando a nossa fé. Através do diálogo com Ele: a oração. Padre, agora vai pôr-nos todos a rezar? Porque não? Pergunto-lhes... mas respondam no seu coração, não em voz alta mas no silêncio: Eu rezo? Cada um responda. Eu falo com Jesus ou tenho medo do silêncio? Deixo que o Espírito Santo fale no meu coração? Eu pergunto a Jesus: Que queres que eu faça, que queres da minha vida? Isto é treinar-se. Perguntem a Jesus, falem com Jesus. E se cometerem um erro na vida, se tiverem uma escorregadela, se fizerem qualquer coisa de mal, não tenham medo. Jesus, vê o que eu fiz! Que devo fazer agora? Mas falem sempre com Jesus, no bem e no mal, quando fazem uma coisa boa e quando fazem uma coisa má. Não tenham medo d'Ele! Esta é a oração. E assim treinam no diálogo com Jesus, neste discipulado missionário! Através dos sacramentos, que fazem crescer em nós a sua presença. Através do amor fraterno, do saber escutar, do compreender, do perdoar, do acolher, do ajudar os demais, qualquer pessoa sem excluir nem marginalizar ninguém. Queridos jovens, que vocês sejam verdadeiros "atletas de Cristo"!

3. E terceiro: o campo como canteiro de obras. Aqui mesmo vimos como se pôde construir uma igreja: indo e vindo, os jovens e as jovens deram o melhor de si e construíram a Igreja. Quando o nosso coração é uma terra boa que acolhe a Palavra de Deus, quando "se sua a camisa" procurando viver como cristãos, nós experimentamos algo maravilhoso: nunca estamos sozinhos, fazemos parte de uma família de irmãos que percorrem o mesmo caminho; somos parte da Igreja. Esses jovens, essas jovens não estavam sós, mas, juntos, fizeram um caminho e construíram a Igreja; juntos, realizaram o que fez São Francisco: construir, reparar a Igreja. Eu lhes pergunto: Querem construir a Igreja? [Sim...] Se animam uns aos outros a fazê-lo? [Sim...] E amanhã terão esquecido este «sim» que disseram? [Não...] Assim gosto! Somos parte da Igreja; mais ainda, tornamo-nos construtores da Igreja e protagonistas da história. Jovens, por favor, não se ponham na «cauda» da história. Sejam protagonistas. Joguem ao ataque! Chutem para diante, construam um mundo melhor, um mundo de irmãos, um mundo de justiça, de amor, de paz, de fraternidade, de solidariedade. Jogai sempre ao ataque! São Pedro nos diz que somos pedras vivas que formam um edifício espiritual (cf. 1Pe 2,5). E, olhando para este palco, vemos a miniatura de uma igreja, construída com pedras vivas. Na Igreja de Jesus, nós somos as pedras vivas, e Jesus nos pede que construamos a sua Igreja; cada um de nós é uma pedra viva, é um pedacinho da construção e, quando vem a chuva, se faltar aquele pedacinho, temos infiltrações e entra a água na casa. E não construam uma capelinha, onde cabe somente um grupinho de pessoas. Jesus nos pede que a sua Igreja viva seja tão grande que possa acolher toda a humanidade, que seja casa para todos! Ele diz a mim, a você, a cada um: «Ide e fazei discípulos entre todas as nações»! Nesta noite, respondamos-lhe: Sim, Senhor! Também eu quero ser uma pedra viva; juntos queremos edificar a Igreja de Jesus! Eu quero ir e ser construtor da Igreja de Cristo! Atrevem-se a repetir isto? Eu quero ir e ser construtor da Igreja de Cristo! Digam agora... [os jovens repetem]. Depois devem se lembrar que o disseram juntos.

O coração de vocês, coração jovem, quer construir um mundo melhor. Acompanho as notícias do mundo e vejo que muitos jovens, em tantas partes do mundo, saíram pelas estradas para expressar o desejo de uma civilização mais justa e fraterna. Os jovens nas estradas; são jovens que querem ser protagonistas da mudança. Por favor, não deixem para outros o ser protagonistas da mudança! Vocês são aqueles que têm o futuro! Vocês... Através de vocês, entra o futuro no mundo. Também a vocês, eu peço para serem protagonistas desta mudança. Continuem a vencer a apatia, dando uma resposta cristã às inquietações sociais e políticas que estão surgindo em várias partes do mundo. Peço-lhes para serem construtores do mundo, trabalharem por um mundo melhor. Queridos jovens, por favor, não «olhem da sacada» a vida, entrem nela. Jesus não ficou na sacada, mergulhou... «Não olhem da sacada» a vida, mergulhem nela, como fez Jesus.

Resta, porém, uma pergunta: Por onde começamos? A quem pedimos para iniciar isso? Por onde começamos? Uma vez perguntaram a Madre Teresa de Calcutá o que devia mudar na Igreja; queremos começar, mas por qual parede? Por onde – perguntaram a Madre Teresa – é preciso começar? Por ti e por mim: respondeu ela. Tinha vigor aquela mulher! Sabia por onde começar. Hoje eu roubo a palavra a Madre Teresa e digo também a você: Começamos? Por onde? Por ti e por mim! Cada um, de novo em silêncio, se interrogue: se devo começar por mim, por onde principio? Cada um abra o seu coração, para que Jesus lhe diga por onde começar.

Queridos amigos, não se esqueçam: Vocês são o Campo da Fé! Vocês são os atletas de Cristo! Vocês são os construtores de uma Igreja mais bela e de um mundo melhor. Elevemos o olhar para Nossa Senhora. Ela nos ajuda a seguir Jesus, nos dá o exemplo com o seu "sim" a Deus: «Eis aqui a serva do Senhor, faça-se em mim segundo a tua Palavra» (Lc 1,38). Também nós o dizemos a Deus, juntos com Maria: faça-se em mim segundo a Tua palavra. Assim seja!

33º Encontro
Celebração de envio e acolhida dos catequizandos

Palavra inicial: A intenção desta celebração é fazer com que os grupos acolham os catequizandos dando-lhes as "insígnias" que os identificam e que sejam enviados ao serviço.

Preparando o ambiente: Além do necessário para a celebração eucarística, as insígnias da cruz de Cristo (uma cruz ou crucifixo – não de pescoço, mas grande para ser colocada na parede ou ao lado da cama) e de cada grupo que irá receber algum catequizando para o estágio pastoral (camiseta, fitas, livros, enfim, o que os identifique) para serem entregues aos catequizandos que serão acolhidos no respectivo grupo.

Procissão inicial: Os catequizandos podem participar da procissão inicial.

Saudação inicial: O presidente acolhe os catequizandos e todas as comunidades, pastorais, movimentos e associações da paróquia.

(Tudo segue como de costume, até o oremos pós-comunhão)

Preces: No momento da Oração da Assembleia, pode-se acrescentar algumas das orações pelos catequizandos.

Rito de Envio dos catequizando para o Trabalho Pastoral

Depois do oremos pós-comunhão, o catequista ou a coordenação da Crisma apresenta os catequizandos para o presidente da celebração:

Catequista: Reverendíssimo Padre (...), é com entusiasmo que apresentamos os catequizandos que chegando à última etapa do processo de Iniciação a Vida Cristã, serão enviados pela Igreja para o trabalho pastoral, colocando seus dons e carismas a serviço da Igreja e de toda as nossas comunidades. Portanto, fiquem de pé aqueles que serão enviados ao trabalho pastoral.

(todos os catequizandos ficam de pé)

Presidente: Caríssimos catequizandos e irmãos e irmãs aqui reunidos. Participando hoje desta celebração recordamos a prática da Igreja primitiva, quando com satisfação, enviava em missão alguns dos seus filhos e filhas, a fim de ajudar os irmãos na fé ou os que ainda não conheciam a Cristo.

Reconhecendo a necessidade de operários para messe do Senhor em nossas comunidades e pastorais, hoje os enviamos ao serviço pastoral, com o ardente desejo de que o assumam como missão sendo verdadeiros discípulos do Senhor.

Oremos:

(todos rezam em silêncio por algum tempo, então quem preside prossegue)

> *Ó Deus, que desejais a Salvação de todos os homens
> e que cheguem ao conhecimento da verdade,
> vede a extensão da vossa messe
> e enviais operários,
> para que o Evangelho seja anunciado a toda criatura.
> Dignai-vos, confirmar em seu propósito, com a vossa bênção ✝ paterna, estes vossos filhos e filhas que anseiam por entregar-se ao trabalho pastoral,
> e que hoje enviamos para que produzam os frutos da vossa vinha.
> Trilhando o cominho da iniciação a vida cristã,
> possam ser fortalecidos pelo conhecimento da verdade
> e os façais produzir frutos de boas obras,
> agradando-vos em todas as coisas.
> Por Cristo, nosso Senhor.*

Catequitas: Eis os nomes dos catequizandos que a nossa Igreja paroquial (...), conforme o mandato do Senhor, envia para o trabalho pastoral, a fim de colocarem seus dons e talentos a serviço do anúncio do Evangelho:

...N... para a ... *(dizer nome da comunidade, pastoral, associação ou movimento)*

...N... para a ...

...N... para a ...

Presidente: Queridos catequizandos, ajoelhem-se para a oração sobre vocês:

> *Nós vos louvamos e bendizemos, ó Deus,
> porque, por inefável desígnio da vossa misericórdia,
> enviastes ao mundo vosso Filho,
> para libertar os homens da escravidão do pecado, derramando o seu sangue,
> e enriquecê-los com os dons do Espírito Santo.
> Tendo vencido a morte,
> e antes de subir a vós, ó Pai,
> ele enviou os apóstolos,
> representantes do seu amor e do seu poder, para anunciarem o Evangelho da vida a todos os povos
> e batizarem os crentes na água da salvação.
> Olhai, portanto, Senhor,
> para estes vossos catequizandos,
> que fortalecidos com o sinal da cruz,
> enviamos como servidores da vossa messe.
> Guiai, Senhor, com vossa mão os seus passos e fortalecei-lhes o ânimo com a força de vossa graça,
> para que não se deixem abater pelo trabalho e pela fadiga.
> Fazei que suas palavras
> sejam o eco da voz de Cristo,
> capazes de atraírem
> para a obediência do Evangelho
> aqueles que as escutarem.
> Infundi o Espírito Santo em seus corações,
> para que, dando-se inteiramente a todos,
> eles possam conduzir para vós, ó Pai.
> Muitos filhos
> Que vos deem louvor sem fim na Igreja.
> Por Cristo, nosso Senhor.*

Todos: Amém.

Catequista: Ainda de joelhos os catequizandos receberão das mãos do Padre a cruz, sinal da missão e do seguimento do Senhor e o material símbolo do trabalho pastoral que irão assumir.

Presidente: ...N..., recebe este símbolo do amor de Cristo e da nossa fé. Vai anunciar o Cristo crucificado e ressuscitado, poder e sabedoria de Deus.

Catequizando: Amém.

(Em seguida, o(s) coordenador(es) das pastorais e movimentos entregam o material de trabalho aos catequizandos. Levanta-os e acolhe-os com um forte abraço. À medida que forem recebendo a cruz e o material, voltam para os bancos).

Bênção Final: A missa conclui com a bênção final. E a partir deste momento, a catequese acontecerá em cada grupo e encontros mensais com o catequista.

Roteiro para Encontros com as Famílias e Futuros Padrinhos

Encontro com as FAMÍLIAS

Como já ocorrido na primeira etapa e explicitado na apresentação do livro, sugere-se ao menos quatro reuniões bimestrais com os familiares e/ou responsáveis pelos catequizandos, como uma oportunidade de aproximá-los da vida eclesial e ajudá-los a compreender o papel fundamental que têm na educação cristã dos filhos.

Buscando constituir uma pastoral de conjunto, os encontros poderão ficar sob a responsabilidade da Pastoral Familiar ou serem realizados pelos grupos da paróquia que trabalham com as famílias.

Os encontros deverão ser preparados de maneira acolhedora e celebrativa. Nunca em tom de cobrança, mas mostrando-lhes as maravilhas que Deus realiza em nossas vidas, a sua infinita misericórdia, a oportunidade que Ele lhes dá de assumirem a fé e transmiti-las aos filhos.

É importante preparar o espaço em que o encontro se realizará, criando um ambiente celebrativo (ambão, flores, vela, imagem da Sagrada Família...). Ao final, poderá ser realizado uma partilha fraterna (café, chá, bolos...). É uma oportunidade de os membros das Pastorais se aproximarem dos familiares e conhecê-las melhor, convidando-as a participar das atividades da comunidade.

Algumas funções poderão ser distribuídas com antecedência:

- Animador
- Equipe de canto
- Pessoa para proclamar a leitura bíblica
- Casal que conduzirá a reflexão e partilhas
- Ministros para acolhida

PROPOSTA DE TEMAS PARA AS REUNIÕES

(Outros temas e um número maior de encontros poderão ser desenvolvidos de acordo com cada realidade.)

1º ENCONTRO
Tema: Sexualidade e afetividade dos filhos

2º ENCONTRO
Tema: Drogas: dependência química

3º ENCONTRO
Tema: A paróquia: A videira e os ramos

4º ENCONTRO
Tema: Crismados: pessoas comprometidas com a Igreja

1º ENCONTRO
SEXUALIDADE E AFETIVIDADE DOS FILHOS

Sugere-se explorar junto aos pais e responsáveis assuntos de relevante interesse e curiosidade por parte dos filhos, considerando-se a importância de oferecerem suporte, orientação e acompanhamento em seu desenvolvimento. Pode-se apresentar como viver a sexualidade e a afetividade praticando os valores cristãos, de modo que melhor compreendam como refletir sobre isso junto aos filhos. Ainda, convém orientá-los sobre como abordar tais temáticas numa linguagem adequada e respeitosa o suficiente para acolher as dúvidas que surgirem. Filhos adolescentes precisam se sentir seguros para confidenciar aos pais e responsáveis suas preocupações e opiniões. Somente a partir de uma comunicação isenta de pré-julgamentos é que se pode favorecer o vínculo de confiança com os filhos.

Convém desmistificar junto aos pais e responsáveis a sexualidade como um "tabu", pois abordá-la com os adolescentes é importante para orientá-los a uma vida responsável e coerente com os ensinamentos do Evangelho. Se possível, apresentar aos pais e responsáveis temáticas específicas da sexualidade que podem importar aos filhos, como questões relativas à orientação sexual e gênero, favorecendo a compreensão destes fenômenos sob a perspectiva da Igreja.

Abordar assuntos sobre o relacionamento amoroso, o Sacramento do Matrimônio e a afetividade pode ajudar pais e responsáveis a melhor explorá-los junto aos filhos. Convém, também, dizer aos pais e responsáveis que o seu modelo de relacionamento amoroso, de sexualidade e de afetividade influencia diretamente o desenvolvimento de seus filhos. O discurso e a vida diária devem corresponder um ao outro para que os adolescentes não apenas respeitem quem os educa, mas também os considere referência de comportamento cristão.

2º ENCONTRO
DROGAS: DEPENDÊNCIA QUÍMICA

Abordar junto às famílias os sinais e sintomas que indicam o uso de drogas lícitas ou ilícitas. Sugere-se apresentar algumas das drogas mais acessíveis aos adolescentes com informações que os ajudem a melhor cuidar de seus filhos (por exemplo: álcool, tabaco, maconha, cocaína, crack e ecstasy). É importante oferecer aos pais e responsáveis orientações para atuarem de maneira preventiva junto aos filhos, especialmente através do diálogo e da observação atenta.

Convém apresentar aos pais e responsáveis, também, as diferentes razões que levam os jovens a usarem drogas. Essa abordagem favorecerá um olhar mais sensível ao sofrimento e desafios que os jovens enfrentam. É importante que as famílias não desmereçam os sentimentos e problemas dos filhos, acolhendo-os e oferecendo suporte sempre que necessário. Construir um ambiente familiar no qual os jovens se sintam livres para expor o que os incomoda é um essencial fator preventivo ao uso de drogas.

Ainda, é importante ressaltar o valor da fé e de uma espiritualidade ativa na vida em família para que os jovens sempre se sintam fortalecidos contra as frustrações e decepções que a vida traz. Desse modo, sustentando um olhar esperançoso e um sentido de vida maior do que as circunstâncias que enfrentamos, a família poderá favorecer ao jovem uma postura mais otimista e alheia às drogas.

3º ENCONTRO

A PARÓQUIA: A VIDEIRA E OS RAMOS

Destacar às famílias que a paróquia é constituída por diversos grupos que colocam seus dons e talentos a serviço da construção do Reino de Deus. Como pais e responsáveis, é preciso que conheçam a paróquia e sejam cristãos ativos, pois seu engajamento na vida em comunidade será um testemunho aos filhos.

Ainda, convém abordar neste encontro quais atividades se pode realizar a serviço do próximo a partir do seu compromisso com a paróquia – se possível, apresentar atividades que possam ser desenvolvidas junto aos filhos. É importante que as famílias estejam cientes do valor de sua atuação para a sua comunidade de fé, caso contrário, não poderão transmitir esse ensinamento aos filhos.

4º ENCONTRO

CRISMADOS: PESSOAS COMPROMETIDAS COM A IGREJA

Neste encontro é importante conscientizar os pais e responsáveis sobre a necessidade de incentivar os filhos a se comprometerem com a Igreja, assumindo a responsabilidade do Batismo. Pode-se refletir sobre a catequese, como processo de iniciação cristã, nos ajudar a sermos discípulos missionários de Cristo. O sacramento da Crisma, portanto, não pode ser considerado como o diploma de um curso, mas deve ser valorizado pela família como um compromisso de fé que exige transformação e engajamento com a missão dada por Jesus Cristo.

Sugere-se destacar às famílias como podemos, no dia a dia, expressar nosso compromisso com a Igreja. É importante que entendam o agir cristão não como uma "atividade previamente agendada", mas como uma prática diária dos ensinamentos do Evangelho nas diferentes situações que enfrentamos. Dessa forma, poderão orientar seus filhos a viverem com retidão os valores cristãos independentemente de onde estiverem.

Encontro com os futuros PADRINHOS

Orientações para as reuniões dos futuros padrinhos

1. As reuniões devem ser bem preparadas: organizar um ambiente acolhedor, e contemplativo. Tendo sempre um ambão e a Bíblia em destaque, com velas, flores e imagens (padroeiro, Sagrada Família ou crucifixo).
2. Deve ser sempre precedido por um momento de oração inicial com cantos, leitura bíblica, meditação...
3. Os temas refletidos não necessariamente deverão ser apresentados pelos catequistas. Poderão ser encarregados a um grupo da paróquia. Evitar as cobranças e críticas da não vivência e participação na vida comunitária.
4. Aproveitar a oportunidade para acolhê-los e expressar a oportunidade que Deus lhes dá de viver a fé e testemunhá-la a seus filhos e futuros afilhados. Destacar sempre o amor, a bondade e misericórdia de Deus, que acolhe a todos.
5. Tentar sempre engajá-los em alguma comunidade ou grupo de serviço da paróquia.

PROPOSTA DE TEMAS PARA AS REUNIÕES

(outros temas e um número maior de encontros poderão ser desenvolvidos de acordo com cada realidade)

1º ENCONTRO

Tema: A MISSÃO DOS PADRINHOS E MADRINHAS

Objetivo: Trabalhar qual o papel e a função dos futuros padrinhos e madrinhas no sacramento da Crisma: dar testemunho de fé, vivendo na comunidade cristã; acompanhar e inserir os catequizandos na vida eclesial...

2º ENCONTRO

Tema: A FÉ: DOM DE DEUS

Objetivo: Apresentar aos futuros padrinhos e madrinhas que a fé é dom de Deus. Fé recebida e que deve ser transmitida. Ajudar os futuros padrinhos e madrinhas a entenderem a necessidade da vivência da fé dentro da Igreja e, consequentemente, o seu papel de inserir e acompanhar os futuros afilhados na vivência eclesial.

3º ENCONTRO

Tema: A PALAVRA DE DEUS

Objetivo: Iniciar os futuros padrinhos e madrinhas no método de leitura orante da Bíblia, mostrando a importância da Palavra de Deus no nosso dia a dia. Fazer uma introdução à Sagrada Escritura.

4º ENCONTRO

Tema: A VIDA DE ORAÇÃO

Objetivo: Iniciar os futuros padrinhos e madrinhas nas diversas formas de oração e meditação da Igreja: oração pessoal e comunitária; a liturgia...

Conecte-se conosco:

 facebook.com/editoravozes

 @editoravozes

 @editora_vozes

 youtube.com/editoravozes

 +55 24 2233-9033

www.vozes.com.br

Conheça nossas lojas:
www.livrariavozes.com.br

Belo Horizonte – Brasília – Campinas – Cuiabá – Curitiba
Fortaleza – Juiz de Fora – Petrópolis – Recife – São Paulo

EDITORA VOZES LTDA.
Rua Frei Luís, 100 – Centro – Cep 25689-900 – Petrópolis, RJ
Tel.: (24) 2233-9000 – E-mail: vendas@vozes.com.br